KB042001

체험·표현·이해

ERLEBEN, AUSDRUCK UND VERSTEHEN

책세상문고·고전의 세계

체험·표현·이해

ERLEBEN, AUSDRUCK UND VERSTEHEN

빌헬름 딜타이 지음

·

이한우 옮김

책세상

일러두기

1. 이 책은 빌헬름 딜타이Wilhelm Dilthey의 《전집Gesammelte Schriften》 제7권 《정신과학에서 역사적 세계 구축Der Aufbau der geschichtlichen Welt in den Geisteswissenschaften》(Stuttgart: B. G. Teubner; Götingen: Vandenhoeck & Ruprecht, 1979) 가운데 제3부 〈정신과학에서 역사적 세계 구축으로 나아가기 위한 계획Plan der Fortsetzung zum Aufbau der geschichtlichen Welt in den Geisteswissenschaften〉 "제1장 체험·표현·이해Erleben, Ausdruck und Verstehen" 를 옮겼다.

2. 주는 모두 옮긴이주이다.

3. 원서의 일부 오탈자는 바로잡아 번역했으나 딜타이 자신이 미완성인 채로 놓아둔 문장 은 그대로 두었다.

4. 〔 〕 안의 글은 원문의 이해를 돕기 위해 옮긴이가 보충하거나 설명한 것이다.

5. 원서에서 자간을 벌여 표기되어 있는 부분은 고딕체로 썼다.

6. 주요 인명과 책명은 처음 1회에 한해 원어를 병기했다.

7. 단행본과 잡지는 《 》로, 논문은 〈 〉로 표시했다.

8. 맞춤법과 외래어 표기는 1989년 3월부터 시행된 〈한글 맞춤법 규정〉과 《문교부 편수자료》를 따랐다. 단 이미 굳어진 외래어의 경우에는 관례를 따랐다.

체험·표현·이해 | 차례

  19세기 후반부터 20세기 초반에 걸쳐 활동했던 빌헬름 딜
타이Wilhelm Dilthey라는 독일 철학자를 어떤 의미에서 보면
처음 국내에 소개하는 일을 맡았다는 것은 부담스럽기도 하
지만 영광스러운 작업임에 틀림없다. 1953년 김준섭 전 서
울대 교수가 〈철학의 본질〉이라는 논문을 번역한 적이 있고,
또 《체험과 문학*Das Erlebnis und die Dichtung*》이 일부 번역되기
도 했지만 딜타이의 해석학의 본령에 속하는 《전집*Gesammelte
Schriften*》 제7권, 그중에서도 그의 고유한 해석학으로 불리는
제3부 제1장 체험·표현·이해는 독자들이 처음 접하는 부분
이라는 점에서 특히 그렇다.

  나는 딜타이를 국내 논의에 소개해야겠다는 생각을 아주
오래전부터 했다. 20여 년 전 해석학을 공부할 때 딜타이를
알게 되었는데 한스 게오르크 가다머Hans-Georg Gadamer[1]의
《진리와 방법*Wahrheit und Methode*》을 읽으면서 그의 해석학을
처음 접했다. 다만 가다머를 통해 간접적으로 접근하다 보니

해석학사에서 그가 차지하는 비중을 과소평가한 면이 없지 않았다.

현대해석학은 크게 보면 '인식론 지향의 해석학'과 '존재론 지향의 해석학'으로 나눌 수 있다. 인식론적 해석학은 딜타이에서 에밀리오 베티Emilio Betti[2]로 이어지고, 존재론적 해석학은 마르틴 하이데거Martin Heidegger에서 가다머로 연결된다. 전자는 해석학을 해석 일반의 방법론으로 받아들이고, 후자는 인간 존재 자체를 하나의 해석 구조로 보면서 철학적인 인간 이해를 시도한다. 가다머의 해석학을 철학적 해석학이라 부르는 것은 이 때문이다.

존재론적 해석학의 연장 선상에서 나는 대학원 시절 주로 하이데거와 가다머 사이를 오가며 해석학 공부를 했기 때문에 딜타이에 대해서는 그리 많은 노력을 기울이지 못했다.

한국 현대사가 딜타이에 대해 거리를 두게 했던 면도 없지 않다. 1980년대는 개인적으로 볼 때 대학원에 적을 두고 하이데거에 몰두할 때였지만 누가 뭐라 해도 변혁의 기운이 가득했던 시기였다. 마르크스주의가 휩쓸고 있었고 마르크스의 원전을 비교적 자유롭게 읽을 수 있는 분위기였다. 이렇게 되자 정신과학적 토대에서 성장한 《역사와 계급의식 Geschichte und Klassenbewuβtsein: Studien über marxistische Dialektik》의 저자 지외르디 루카치György Lukács마저 '관념론적'이라는 이유로 경원시 되기 시작했다. 사실 루카치의 정신적 뿌리는 딜타이와 여러 면에서 닿아 있다. 특히 정신사로서의 역사에 대한 초기 루카치의 강조는 분명 당시 독일 대학을 휩쓴 정신주의적 분위기와 무관하지 않다.

정신Geist이 독일 철학의 핵심 개념으로 떠오르기 시작한 것은 칸트Immanuel Kant 이후, 즉 피히테Johann G. Fichte부터이다. 그리고 이를 체계화시킨 사람이 헤겔Georg W. F. Hegel이다. 그는 주관정신, 객관정신, 절대정신이라는 변증법적 정신철학의 완성자였다.

그러나 헤겔 이후 독일 학계는 크게 관념론과 유물론으로 양분되는데 그중 관념론이 극복되고 세분화되는 과정에서 19세기 독일 학계를 규정짓는 정신주의가 등장하게 된다. 그것은 독일의 민족정신과 직결되는 개념이었다. 실제로 같은 시기 영국이나 프랑스에서는 정신이란 개념이 철학적 대상으로 다뤄지지 않았다.

영국과 프랑스가 경험주의나 실증주의를 발전시켜갈 때 독일은 여전히 민족정신에 바탕을 둔 정신주의 혹은 관념론이 심화되고 있었던 것이다. 일부에서는 독일의 경제적 낙후성이 정신으로의 도피를 가져왔다고 보기도 하지만 그보다는 오히려 비스마르크의 독일 통일 이후 자신감이 표출되었다고 볼 수도 있다. 딜타이나 루카치 모두 이 같은 정신주의적 풍토 속에서 학문적 수련을 받았던 것이다.

나는 당시 우리 대학가의 사상이, 구소련의 철학교과서

《세계철학사》가 본격 유포되고 이른바 변증법적 유물론과 사적 유물론의 교조가 확산되면서 활력을 잃었다고 생각한다. 그때 이후로는 계속 학교에 남아 좌파 이론을 공부하는 사람들과 대화하고 싶은 의욕이 생기지 않았다. 그들은 좌파형 이론 수입상 외에 아무것도 아니었기 때문이다.

군에 복무하고 있던 1988년에서 1990년 사이에 고르바초프Mikhail Gorbachov의 글라스노스트와 페레스트로이카가 있었고 사회주의권은 역사의 무대에서 초라하게 사라졌으며 마르크스주의는 아무도 거들떠보지 않는 처치 곤란 상태가 되었다. 그러나 나는 이미 마르크스주의에서 자발적으로 멀어진 상황이라서 사상적으로 그리 큰 충격은 받지 않았다.

오히려 또 하나의 유행, 즉 포스트모더니즘이 여러 가지로 내게 유리하게 작용했다. 포스트모더니즘의 확실한 뿌리 가운데 하나가 하이데거였기 때문이다. 하이데거에 대한 이해가 제대로 이루어지지 않은 채 프랑스 버전의 포스트모더니즘이 휩쓸던 1990년대 초반, 나는 이건 아니라고 확신할 수 있었다. 사상이 유행할 수는 있다. 그러나 어떤 사상이건 그 핵이랄까 정수가 우리 정신의 본령과 접목될 때라야 생산적일 수 있다. 포스트모더니즘은 국내의 몇몇 '이론' 수입업자들에 의해 경쟁적으로 소개됐지만 착근(着根)의 가능성은 지극히 낮았다. 겉돌고 있었기 때문이다. 그래서 나는 이 무렵 내가 일하고 있던 신문사의 지면을 통해 자신 있게 "문제는 다시 모더니티(근대성)다"라고 쓸 수 있었다.

그런데 어떤 근대로 돌아갈 것인가? 우리를 기다리고 있는 완제품으로서의 근대, 근대성, 근대사상, 근대사회론은 없었다. 마르크스가 아닌, 그러면서도 근대를 정면으로 고민했던 사상가를 찾아야 했다. 자연스럽게 막스 베버Max Weber, 게오르크 지멜Georg Simmel 그리고 빌헬름 딜타이가 떠올랐다. 다행스럽게도 막스 베버의 경우에는 한양대 전성우 교수라는 탁월한 전문가가 있다. 지멜의 경우도 늦기는 했지만 최근에 전문가가 등장해 본격적인 소개 작업이 시작됐다. 남은 것은 딜타이였다. 딜타이의 경우도 연구자가 없는 것은 아니지만 별다른 성과물이 나오지 않았다. 이런 연유로 딜타이의 소개자로 나서야겠다는 약간의 만용을 부려보기로 했고 그 결과가 이 책의 번역이다.

물론 그렇게 되지도 않겠지만, 베버나 지멜, 딜타이에 대한 관심이 하나의 유행이 되어서는 안 된다고 생각한다. 세 사람 모두 사회학이나 방법론, 철학 등에 대한 기본 소양이 없으면 접근하기가 쉽지 않다. 아마도 대학 고학년 이상이나 대학원생 그리고 인문학이나 사회과학 교수들이 주요 독자가 될 것이다. 그리고 그들 각자가 어떤 분야를 전공하건 이들과 사상적 싸움을 해봄으로써 깊은 학문적 통찰을 성취할 수 있을 것으로 본다.

최근 대학에서는 인문학의 위기라 해서 한바탕 난리를 치렀다. 그렇다고 자연과학 분야나 기술 분야가 위기가 아닌 것도 아니고 사회과학이라고 해서 태평성대는 아닐 것이다. 지난 몇 년간 진행된 인문학 위기 논쟁은 순전히 돈과 관련된 논쟁이었다. 결국 정부의 천문학적 지원이 이뤄지고 나니 잠잠해졌다. 그렇다면 이제 인문학은 위기에서 탈출했다는 뜻인가? 결코 그렇지 않다.

학문에 위기가 닥치는 것은 크게 보면 두 가지 요인 때문이다. 하나는 실증적 성과가 결여될 때이고, 또 하나는 학문 이론이 현실성을 상실할 때이다. 실증적 성과가 빈곤하면 당연히 문제가 되지만, 실증적으로 보이는 성과물들은 많은데 그것이 현실과의 연관성을 잃어버린 것들이라면 더 큰 문제인 것이다. 말할 것도 없이 우리의 위기에는 이 두 가지 요인이 모두 작용하고 있다.

베버, 지멜, 딜타이 세 사람의 확실한 공통점은 사회학이나 정신과학이라는 새로운 학문 분야를 새 건물을 지어올리듯 새롭게 지었다는 데 있다. 그들이 마땅히 고민해야 했던 것은, 최초의 기초 개념들을 어떻게 정의할 것인가, 그 다음 이런 개념들을 어떤 원리에 입각해 연결할 것인가, 궁극적으로 자신들이 탐구하는 분야의 학문적 이념은 무엇으로 정할 것인가 등이었다. 우리나라의 일부 학자들처럼 일단 외국에서 들어온 것이면 추호의 의심도 하지 않는 수준에서는 상상도 할 수 없는 학문적 노력이다. 그런 점에서 딜타이는 인문학 위기론에 의미 있는 대안의 역할을 할 수 있을 것이다.

이번에 번역한 "체험·표현·이해"의 해석학적 방법은 딜타이의 철학 중에서도 핵심에 속한다. 같은 정신과학을 이야기했어도 《전집》 제1권 《정신과학 입문*Einleitung in die Geisteswissenschaften*》을 쓸 당시 딜타이는 해석학을 알지 못했다. 《전집》 제7권을 쓴 말년에야 정신과학의 방법으로서의 해석학에 주목해 이를 정교화했다. 그 핵심 골자가 바로 이번에 발췌 번역한 《전집》 제7권 제3부 제1장이다. 여기서 '체험, 표현, 이해'가 모두 다뤄지기 때문이다.

또 이번 번역 작업에 포함된 전기 또는 자서전에 대한 딜타이의 규명은 최근 국내 지식인 사회에서 공감을 얻어가고 있는 평전 쓰기 작업이나 전기 연구에 새로운 자극과 틀을 제공해줄 것이다. 더욱이 한국 사회에서는 정직한 고백의 문화도 없고 타인에 대한 전기 쓰기의 기본적인 룰도 정립되어 있지 않다. 그렇게 본다면 딜타이의 해석학은 텍스트의 이해는 물론 역으로 텍스트 창작에도 큰 도움을 줄 것이 분명하다. 가능하다면 작가들도 이 책을 일독해주기를 권한다. 딜타이 수준의 분석 대상이 될 만한 작품을 쓰는 데 도움이 되지 않을까 하는 기대에서다. 이 책으로 인해 우리 지성계가 작지만 의미 있는 영향을 받기를 바란다.

옮긴이 이한우

제1장

체험·표현·이해

1. 체험과 자서전

(1) 역사이성 비판의 과제

정신적 세계의 연관(聯關, Zusammenhang)[3]은 주관(主觀, Subjekt)[4]에서 시작되며, 개개의 논리적인 과정들을 서로 연결하고 있는 정신적 세계의 의의연관(意義聯關, Bedeutungs- zusammenhang)[5]에 대한 규정에까지 이르는 정신의 운동이다. 그래서 이 정신적 세계는 파악하는 주관의 산물인데, 한편으로 정신의 운동은 그 세계 안에 있는 객관적 지식의 획득을 지향하고 있다. 이렇게 해서 우리는 이제 '주관에서 정신적 세계의 구성이 어떻게 정신적 현실(혹은 실재)에 대한 앎을 가능하게 해주는가'라는 물음과 마주하게 된다. 나는 앞서 이런 과제를 역사이성 비판의 과제라고 이름 붙였다. 이 과제는 오로지, 이런 연관을 만드는 데 협력하고 있는 개개의 기능들이 분리되어, 그런 기능들 각각이 정신적 세계에서의 역사적인 진행 경과의 구성과 관련해 그리고 그 세계 안에서의 체계론의 발견과 관련해 어떤 몫을 하는지가 드러날 때에만 해결할 수 있다. 그 〔역사적인〕 진행 경과는 진리들의 상호의존성 속에 포함된 난점들이 어느 정도까지 해결될 수 있는지를 입증해야 한다. 그 진행 경과는 정신과학적 파악의 현실적 원칙을 경험에서부터 점진적으로 도출하게 될 것이다.

이해란 '너' 안에서 '나'를 재발견하는 것이다. 정신은 점점 높은 단계들의 연관에서 자신을 다시 발견한다. '나' 안에서, '너' 안에서, 한 공동체의 모든 주관 안에서, 문화의 모든 체계 안에서, 종국적으로는 정신의 총체성과 보편사 안에서의 이 같은 정신의 자기성(自己性, Selbigkeit)[6]은 정신과학에서 다양한 기능들의 협력을 가능하게 해준다. 정신과학에서 앎〔인식〕의 주관은 그 대상과 하나이며, 이 대상은 모든 단계의 객관화 과정에서 통일성을 유지한다. 이런 절차를 통해 주관 안에서 빚어지는 정신적 세계의 객관성이 인식되고 나면, 그 절차가 과연 인식 일반의 문제 해결에 얼마나 기여할 수 있는가 하는 물음이 제기된다.

칸트는 인식 문제를 다루기 위해 형식논리학과 수학에 놓여 있는 기반들에서 출발했다. 칸트 시대의 형식논리학은 최후의 논리적 추상화, 사고 법칙 그리고 사고 형식들에서 모든 과학적 명제들의 타당성 입증을 위한 최종적인 논리적 근거를 보았다. 사고 법칙과 사고 형식들, 특히 범주들을 통해 이뤄지는 판단은 칸트에게 있어서 인식을 위한 조건들을 포함했다. 그는 이런 조건들을, 수학을 가능하게 해주는 것들을 통해 확장시켰다. 그가 이룬 업적의 위대함은 수학과 자연과학적 지식에 대한 완벽한 분석에 있다. 하지만 칸트 자신은 제공하지 못했던 역사의 인식론이 그의 개념 틀 안에서 가능한지의 여부는 여전히 의문으로 남는다.

(2) 체험으로 알아차림, 실재성: 시간

나는 삶과 체험에 대해 앞서 이야기했던 것을 전제로 하겠다. 이제 우리의 과제는 체험 속에서 파악되는 실재성(實在性, Realität)[7]을 보여주는 것이다. 그리고 거기서 중요한 것은 체험에서 생겨나는 정신적 세계의 범주들의 객관적 가치이기 때문에, 나는 여기서 범주라는 표현이 어떤 의미로 사용되는지에 대한 소견을 말하고자 한다. 우리가 대상들에 대해 이러저러하다고 진술하는 술어(述語)들에는 여러 종류의 파악이 포함되어 있다. 그런 종류의 파악을 나타내는 개념을 나는 '범주'라고 부른다. 이 같은 모든 종류의 파악은 그 안에 하나의 관계의 규칙을 담고 있다. 범주는 스스로 체계적인 연관들을 형성하고, 최상의 범주는 현실 파악의 최고 단계다. 그래서 이런 모든 범주는 술어들의 고유한 세계를 특징짓는다. 형식적인 범주들은 모든 현실에 관한 진술 형식이다. 그러나 이제 실재적인 범주들 아래서, 정신세계에 대한 파악에 근원을 두고 있는 진술 형식들은 변형된 형태로 전체 현실에 적용되는 경우도 나타난다. 체험에서는 체험연관의 일반적 술어들이 특정한 개인에게서 생겨난다. 그 술어들이, 이해하려는 삶의 객관화와 정신과학적인 진술의 모든 주관들에 적용됨으로써, 그 술어들의 타당성 범위는 정신적 삶이 영위되는 곳이라면 어디서건 작용연관, 힘, 가치 등이 드러날 때까지 확장된다. 그래서 이런 일반적인 술어들은 정신세계의 범주들이 지니는 존엄성을 갖게 된다.

삶 안에는 모든 여타의 규정들에게 근본적인, 삶의 첫 번째 범주적인 규정으로서 시간성Zeitlichkeit이 포함되어 있다. 이는 이미 '생애'라는 표현 속에 나타나 있다.[8] 시간이란 우리 의식의 포괄적인 통일성으로 인해 우리에게 현존한다. 삶에게 그리고 삶 속에 등장하는 외적인 대상들에게, 동시성, 연속, 시간 간격, 지속, 변화 등과 같은 관계들은 공통적이다. 칸트가 시간의 현상성(現象性, Phänomenalität)에 대한 자신의 학설의 토대로 삼았던 추상적인 관계들은 수학적인 자연과학[9]에 근거를 두고 바로 그런 관계들에서 발전되어 나왔다.

이런 관계들의 틀은 그 안에서 시간 개념이 최종적으로 완성되는 시간 체험을 잡아내기는 하지만, 그런 체험을 빚어내지는 않는다. 여기서 시간은, 현재적인 것이 계속해서 과거가 되고 미래적인 것이 현재가 되는, 현재가 쉴 없이 앞으로 나아감으로 경험된다. 현재란 하나의 시간 계기를 실재성으로 충족시키는 것이며, 또 현재는 과거에 대한 회상이나 소망, 기대, 희망, 두려움, 의욕 등에서 생겨나는 미래적인 것에 대한 표상들과 대립되는 실재성이다. 이 같은 실재성에 의한 충족, 즉 현재는 늘 지속적이지만 체험의 내용을 이루는 것은 항상 바뀐다. 우리에게 과거와 미래를 갖도록 해주는 표상들은 오로지 현재 속에 살고 있는 사람에게만 현존한다. 현재란 항상 현존하며 그 안에서 일어나는 것 외에는 아무것도 현존하지 않는다.

말하자면 우리의 삶이라는 배는 지속적으로 전진하는 해류를 타고 앞으로 나아가며, 현재는 언제나 그리고 우리가 이런 해류를 타고서 참아내거나 회상하거나 희망하는 곳에서, 즉 우리가 우리의 실재성을 충분히 느끼며 살아가는 곳에서는 어디든 현존한다. 그러나 우리는 쉬지 않고 이런 해류를 타고 앞으로 나아가며, 미래적인 것은 현재적인 것이 되는 바로 그 순간에 이미 과거 속으로 가라앉는다. 그래서 충족된 시간의 부분들은 질적으로 서로 구분될 뿐만 아니라, 우리가 현재의 시점에서 과거를 돌아보거나 미래를 앞질러 볼 경우, 시간 흐름의 모든 부분은 그 속에 무엇이 등장하건 관계없이 서로 다른 성격을 갖는다. 의식 가치와 감정의 몫에 따라 서열화된 일련의 기억의 상(像)들을 뒤로 하는 것이다. 마치 일련의 집과 나무들이 멀어지면서 작아지듯이, 이러한 기억의 계열에서 기억의 신선함의 정도(程度)는 그 상들이 지평선 너머로 사라질 때까지 서열화된다. 그리고 앞에서 충족된 현재와 미래의 순간 사이의 여러 단계들, 즉 마음 상태, 외적인 과정들, 수단, 목적 등이 더 많이 놓여 있을수록, 그런 진행이 겪게 될 가능성들은 더 많이 늘어나고 따라서 이런 미래상은 그만큼 더 불분명한 안개에 덮이게 된다.

우리가 과거로 시선을 돌릴 경우, 자기 자신에 대해 수동적 태도를 취하게 된다. 과거란 불변적인 것이다. 과거에 의해 규정된 인간은 마치 과거가 다른 것으로 바뀔 수 있는 양, 꿈속에서 과거를 흔들어 깨우려 하지만 부질없는 짓이다. 미래를 향하게 될 경우, 우리는 좀 더 적극적이고 자유롭다. 현재에서 생겨나는 현실성의 범주 외에 가능성의 범주가 여기에서 생겨난다. 우리는 무한한 가능성을 소유하고 있다고 느낀다. 그래서 모든 방향을 향하고 있는 이러한 시간의 체험은 우리 삶의 내용을 규정한다. 따라서 시간 일반의 순전한 이상성(理想性, Idealität)에 관한 교설도 정신과학에서는 아무런 의미를 갖지 못한다.

왜냐하면 그런 교설은 단지, 시간 경과와 시간성에 의존하고 있는 과거에 대한 일별(一瞥), 미래를 향한 활동적이고 자유로운 펼침, 그로부터 생겨나는 필연적인 것들에 대한 모든 회의, 미래에 닿아 있는 제반 노력과 일, 목적, 삶의 시간적인 진행이 포괄하는 형상화와 발전 등으로 이뤄지는 삶의 배후에, 그것들의 조건으로서 무시간성의 희미한 영역, 즉 삶에서 체험되지 않은 어떤 것이 놓여 있음을 말할 뿐이기 때문이다. 그러나 이런 우리의 삶에는 실재성이 들어 있다. 그리고 그런 실재성을 알아내는 것이 정신과학이다.

사유가 시간 체험에서 만나게 되는 이율배반들은 인식을 향한 사유의 침투 불가능에서 유래한다. 앞을 향해 시간이 떠미는 것의 가장 작은 부분이라도 그 안에는 또 하나의 시간 경과가 들어 있다. 현재란 결코 존재하지 않는다. 우리가 현재로서 체험하는 것은 항상 그 안에 이미 현재화되어버린 것에 대한 기억을 포함한다. 그 밖의 다른 계기 중에서는 현재 속에 있는 힘으로서 지나간 것[과거]의 [뒤에 오는 사건에 대한] 영향력, 즉 현재에 대해 지나간 것이 갖는 의의(意義, Bedeutung)가 현재성이라고 하는 그 자신만의 특성을 기억되는 것에게 전달한다.

왜냐하면 이런 현재성을 통해 기억된 것은 현재에 포함되기 때문이다. 이처럼 시간의 흐름 속에서 현재에서의 통일성을 형성하는 것은 우리가 체험Erlebnis이라고 부를 수 있는 가장 작은 통일성이다. 왜냐하면 그 흐름은 하나의 통일적인 의의를 갖기 때문이다.[10] 그래서 우리는 더 나아가 생애에 대한 공동의 의의를 통해 서로 연결되는 삶의 부분들의 모든 포괄적인 통일성을 '체험'이라고 부른다. 이는 그 부분들이 서로 독립된 사건들로 분리되어 있는 경우에도 마찬가지다.

체험은, 그 안에서 모든 상태가 더욱 명확한 대상이 되기에 앞서 변화되는, 시간상의 출발이다. 왜냐하면 바로 다음 순간은 항상 바로 앞 순간을 바탕으로 구성되기 때문이다. 또 그 안에서 모든 시점은——아직 파악되지는 않았지만——과거가 된다. 그래서 그것은 이제 마음껏 자유를 구가하는 기억으로 나타난다. 그러나 관찰은 체험을 파괴한다. 그렇기 때문에 우리가 생애의 한 부분으로 인지하는 연관의 방식Art von Zusammenhang보다 희귀한 것은 없다. 단 그것은 늘 하나의 고정된 것으로 남아 있기 때문에 구조Struktur 관계가 바로 그것의 형식이다. 그리고 만일 사람들이 어떤 특정한 방식의 노력을 통해 삶 자체의 흐름을 체험하고자 한다면, 그들은 다시 삶 자체의 법칙으로 떨어지게 된다. 이는 마치 헤라클레이토스가 말했던 대로, 같은 강물에 들어가는 것 같을지언정 실상 그 강물은 결코 앞의 강물과 같을 수 없는 이치와 같다.

결국 그 법칙에 따르자면 관찰당하는 삶 자체의 매순간은 더 이상 흐름이 아니다. 왜냐하면 그 순간은 그 자체에 있어 흐르는 것을 붙들어 잡는 주목으로 인해 고정되기 때문이다. 그래서 우리는 이런 삶 자체의 본질을 파악할 수 없는 것이다. 옛 이집트의 도시 사이스에서 발굴된 청년조각상이 보여주는 것은 〔삶의〕 형상이지 삶이 아니다. 우리는 이제 삶 그 자체에서 나오는 범주들을 파악하기 위해 이 점을 명확하게 해야 한다.

실재적인 시간의 이런 속성으로 결국 시간의 진행은 엄격한 의미에서 볼 때 체험할 수 없는 것이 되어버린다. 지나간 것의 현재성이 우리에게 있어 직접적인 체험의 자리를 대신 차지한다. 시간을 관찰하려 한다면 그런 관찰은 결국 시간을 파괴한다. 관찰 행위는 주목을 통해 관찰 대상을 고정시켜버리기 때문이다. 즉 우리가 어떤 것에 주목하는 순간 흐르는 것은 멈춰버리고 생성적인 것도 고정적인 것이 되어버린다. 우리가 체험하는 것은, 방금 있었던 것의 변형들이며 결국 이런 변형들이 생겨나게 된다. 하지만 우리는 흐름 그 자체를 체험하는 것이 아니다. 우리가 방금 보고 들었던 것으로 거슬러 올라감으로써 상태를 체험할 뿐이고, 흐름은 여전히 그대로 있다. 개개의 성질들이 서로 결합해 다른 것이 되어갈 때 우리는 변화를 체험한다. 그리고 우리가 자신 속에서, 고유한 자기를 체험적으로 알아차리는 것이 아무것도 변화시키지 못하는 지속과 변화들을 경험하는 사람으로 바뀔 때에도 마찬가지다. 이것이 바로 내관(內觀, Introspektion)[11]이다.

생애는 부분들, 서로 내적인 연관을 맺고 있는 체험들로 구성된다. 개개의 체험은 모두 자기와 관련을 맺고 있고, 바로 그 자기의 부분이 체험이다. 체험은 다른 부분들과의 구조를 통해 하나의 연관과 연결된다. 우리는 모든 정신적인 것에서 연관을 보게 된다. 그래서 연관은 삶에서 나오는 하나의 범주이다. 우리는 의식의 통일성에 의거해서 연관을 파악한다. 연관은 모든 파악이 이뤄지는 조건이다. 하지만 연관의 발생이, 의식의 통일성에는 체험들의 다양성이 주어져 있다는 단순한 사실에서 도출되는 것은 아니라는 점은 분명하다. 오로지 체험들이 체험 가능한 관계들 속에 있게끔 해주는 삶 자체가 바로 구조연관이기 때문에 삶의 연관이 우리에게 주어질 수 있다. 이런 연관은 그 자체가 바로 모든 현실에 대한 진술 방식인 포괄적인 범주 하에서 파악된다. 그 범주란 곧 부분에 대한 전체의 관계다.

신체적인 것을 바탕으로 정신적인 삶이 출현한다. 정신적 삶은 지상에서 최고 단계의 진화로 분류된다. 삶이 출현할 수 있게 해주는 조건들이 자연과학을 발전시킨다. 왜냐하면 자연과학은 물리적 현상들에서 법칙에 따른 질서를 발견하기 때문이다. 현상적으로 주어진 육체들 중에는 인간의 육체도 포함돼 있으며, 여기서 체험은 더 이상 진술 불가능한 방식으로 인간의 육체와 연결되어 있다. 하지만 우리는 체험과 더불어 물리적(신체적 또는 육체적) 현상들에서 정신적인 현실성의 제국으로 들어간다. 그 제국은 정신과학들의 대상이며, 이 대상과 그것의 인식 가치에 대한 성찰은 전적으로 그것의 물리적 조건들에 대한 연구와는 독립된다.

정신적 세계에 관한 지식은 체험, 다른 사람들에 관한 이해, 역사적 작용의 주체로서의 공동체들에 대한 역사적 파악, 끝으로 객관적인 정신 등의 연관 속에서 성립한다. 체험은 이 모든 것들의 마지막 전제이며 그래서 우리는 이런 체험이 어떤 기능을 하는지 묻는 것이다.

체험은 그 안에 요소적인 사고 작용들을 담고 있다. 나는 이것들을 체험의 지성성(知性性, Intellektualität)[12]이라고 부른 바 있다. 의식되는 것의 단계가 높아지면서 지성성이 등장한다. 내적인 사실 내용의 변화는 차이를 의식하게 만든다. 변화되는 것을 단서로 하나의 사정이 따로 분리되어 파악된다. 체험에는 체험되는 것에 대한 판단들이 포함된다. 체험은 체험되는 과정에서 대상화되기 때문이다. 우리가 어떻게 체험에서 모든 정신적인 사실에 대한 인식을 얻게 되는지를 서술할 필요는 없다. 우리는 우리가 체험하지 않은 감정을, 그와는 다른 감정에서 다시 겪을 수는 없다. 하지만 정신과학을 발전시키는 데는 이제, 우리가 체험의 가능성을 육체의 한계 속에 가두고 있는 주관에 우리의 체험에서 나오는 일반적인 술어들이나 속성들을 할당하는 것이 결정적 역할을 한다. 왜냐하면 그 술어나 속성들이야말로 정신과학적인 범주들을 위한 시발점을 내포하고 있기 때문이다. 우리는 형식적인 범주들이 요소적인 사고 작용들에서 나온다는 것을 살펴본 바 있다. 이런 사고 작용들을 통해 파악 가능한 것을 표상하는 것이 바로 개념들이다. 이런 개념들이 통일성, 다양성, 같음, 다름, 정도, 관계이다. 이것들은 모든 현실성의 속성이다. 현실적인 범주들…[13]

(3) 삶의 연관

이제 삶의 새로운 특징이 분명하게 눈에 들어온다. 그 특성은 삶의 시간성이라고 하는 근본적인 성격으로 인해 제약을 받는다. 그러나 동시에 삶의 그런 특징은 그 성격을 뛰어넘는다. 우리는 낯설기도 하지만 이해할 수도 있는 삶14과 마주 선다. 그리고 이런 마주서기는 자연〔과학적〕인식 자체와는 상관 없는 그 자체의 범주들에서 수행된다. 목적 개념의 유기적인 세계에서 인간 삶의 전(前) 단계를 위해 자연 인식이 필요하다면, 그 인식은 이 범주를 인간의 삶에서 끌어낸다.

형식적인 범주란 구별 짓기, 같은 점 찾기, 서로 다른 것들의 정도 차이 파악하기, 연결 짓기, 분리하기 등과 같은 논리적인 처리 방식들을 지칭하는 추상적 표현이다. 그것들은 말하자면 좀 더 높은 정도에 대한 지각이다. 그 지각은 어떤 것을 확정할 뿐, 선험적으로a priori 무엇인가를 구성하지 않는다. 그것들은 우리의 원초적인 사고 속에서 이미 드러나며 따라서 우리의 논증적인, 즉 기호와 연결된 더욱 높은 단계의 사고 속에서 이뤄지는 것과 같은 것으로 간주된다. 그것들은 자연과학과 정신과학을 모두 포함하는 인식뿐만 아니라 이해의 형식적 조건들이다.

그러나 정신과학의 실재적인 범주는 자연과학의 그것과 결코 같지 않다. 나는 이런 범주들의 성립과 관련된 문제에 발을 들여놓지 않을 것이다. 여기서는 그런 범주들의 타당성만이 문제가 된다. 그 어떤 실재적인 범주가 자연과학에서 타당하다고 해서 정신과학에서도 그것이 타당하다고 볼 수는 없다. 자연과학에서 추상적으로 표현된 절차들이 그대로 정신과학에 옮겨질 경우 자연과학적 사고의 월권이 생겨나게 된다. 그런 시도는 자연과학 내부에서——셸링Friedrich W. J. von Schelling과 헤겔의 자연철학이 그랬던 것처럼——자연에 정신적인 연관을 끌어들이는 것만큼이나 혐오스러운 것이다. 역사적인 세계에는 그 어떤 자연과학적인 인과성도 없다. 왜냐하면 자연과학적 인과성이라는 의미에서의 원인은 필연적으로 법칙에 따라 결과를 수반한다는 뜻을 담고 있기 때문이다. 그러나 역사는 능동과 수동, 작용과 반작용의 관계에 대해서만 알 뿐이다.

그리고 장래의 자연과학은 일어난 일〔생기(生起, Geschehen)〕[15]의 담지자로서의 실체나 사건을 일으키는 작용인으로서의 힘과 같은 개념을 새로운 개념으로 발전시킬지도 모른다. 그러나 자연과학적 인식의 이와 같은 개념 형성은 정신과학과는 무관하다. 개개인의 생애에서 인류에 이르기까지 역사적 세계에 관한 진술 주체들은 기껏해야 일정한 방식의 연관을 상당히 제한된 범위에서 그려내는 데 그칠 뿐이다. 그리고 전체가 부분에 대해 갖는 관계의 형식적 범주가 이런 연관이나 공간, 시간, 유기체 등의 연관과도 공통된다면 그것은 정신과학의 영역에서 삶의 본질과 그에 상응하는 이해 절차로부터 비로소 고유한 의미Sinn[16], 즉 그 안에서 부분들이 서로 연결을 맺게 되는 연관의 의미를 만들어내게 된다. 그리고 여기서도 우리의 경험 속에 담긴 현실성의 진화라는 성격에 따라 비유기체적인 자연과 역사적인 세계 간의 연결고리로서의 유기적인 삶은 더욱 높은 단계의 전 단계로 간주될 수 있다.

그러나 이제 그 안에서 인류의 삶의 부분들을 하나의 전체와 연결시켜주는 이 나름의 의미란 어떤 것인가? 또 그것을 통해 우리가 우리 자신을 이해하면서 이런 전체를 우리 것으로 만들어가는 범주는 어떤 것인가?

나는 삶에 대한 성찰의 가장 직접적인 표현인 자서전에 주목한다. 아우구스티누스, 루소, 괴테 등은 그 전형적인 역사적 형식을 보여준다. 그런데 이 작가들은 자기 생애의 서로 다른 부분들의 연관을 어떻게 이해하면서 파악하는가? 아우구스티누스는 전적으로 하느님과 함께하는 자신의 실존에 초점을 맞춘다. 그의 글은 종교적 명상인 동시에 기도이자 이야기이다. 그 이야기의 목표는 그의 개종이라는 사건에 맞춰져 있다. 그리고 그 전에 일어난 모든 일은 그저 이 목표를 향해 가는 정거장일 뿐이다. 그 목표에 이르면 그에게 나타났던 예언의 의도는 종결된다. 그 어떤 감각적인 쾌락도, 철학적인 환희도, 빼어난 연설을 했을 때 느끼는 웅변가의 만

족도, 유복한 생활 환경도 그에게는 독립된 가치를 갖지 못한다. 그 모든 것에서 그는 그러한 초월적 관계를 향한 동경과는 거의 섞이지 않는 적극적인 삶의 가치를 느낀다. 그에게 그 모든 것은 덧없는 것들이고, 개종에 이르러서야 영원하고 고통 없는 관계가 생겨났기 때문이다. 그래서 그의 삶의 이해는, 그 삶의 부분들이 하나의 절대 가치, 무조건적인 최고선의 실현과 맺고 있는 관계에서 완수되는 것이고, 이런 관계 속에서 그 이전까지 모든 삶의 계기들의 의의에 대한 의식이 회고적으로 형성된다. 그는 자신의 삶에서 발전이 아니라, 오히려 삶의 허망한 내용들과의 단절을 향한 준비를 발견한다.

루소!《고백록*Confessions*》에 나타난 삶에 대한 그의 관계는 의의, 가치, 의미, 목적 등과 같은 동일한 범주에서만 파악될 수 있다. 프랑스 전역이 그의 결혼, 과거 등에 대한 소문으로 가득 차 있었다. 엄청난 고독 속에서 그는 자신을 둘러싼 적들의 그치지 않는 행동에 대해 생각에 생각을 거듭했다. 인간에 대한 혐오로 누군가가 늘 자신을 뒤쫓는 듯한 추적 망상이라는 정신병에 걸릴 정도였다. 그가 자신의 과거를 회상했을 때 당장 떠오른 것은, 칼뱅주의적인 엄격한 가정 규율에서 벗어나 자기 속에서 살아 숨쉬는 위대함을 실현하기 위해 모험적인 삶을 살려 했고 그러다 보니 거리의 흙탕물을 흠뻑 덮어써야 했으며 어떤 희생이라도 달게 치렀고, 그를 둘러싼 상류 사회와 특출한 사상가의 지배에 무력할 수밖에 없었던 일들이었다.

하지만 그는 무엇을 했고 무엇을 밝혔으며 또 그에게서 무엇이 황폐화되었는가? 그는 스스로를 품격 있고 고매하며 인류와 더불어 느낄 줄 아는 영혼이며 그 영혼은 자기 시대의 이상을 담고 있다고 생각했다. 그는 그것을 세상에 보여주고자 했다. 그는 자신의 정신적 실존의 실상을 온전하게 보여줌으로써 그 정신적인 실존의 권리가 타당한 것임을 주장하려 했다. 따라서 여기서도 한 삶의 외적인 사건들의 과정이 해석된다. 우리는 단순한 원인과 결과의 관계 속에 있지 않은 하나의 연관을 추구하게 된다. 우리가 그 연관을 말로 표현하고자 할 경우, 결국 가치, 목적, 의미, 의의 등과 같은 단어를 사용할 수밖에 없다. 우리가 좀 더 가까이 들여다보면 그 속에서 하나의 해석이 이루어지는, 이런 범주들 간의 일정한 관계를 볼 수 있다. 루소는 무엇보다도 자신의 개인적인 실존의 권리를 인정받고자 한다. 여기에는 삶의 가치들의 무한한 실현 가능성이라는 새로운 직관이 들어 있다. 이런 직관에서 삶을 이해하게 해주는 범주들의 관계가 형성되었다.

자, 이제 괴테 차례. 한 인간은 문학과 진리 속에서 자신의 실존과 보편적·역사적으로 관계를 맺는다. 그는 문학 운동과의 연관 속에서 자신의 시대를 꿰뚫어본다. 그는 그 시대 속에서 자신의 위치를 담담하게 자부심을 갖고 바라본다. 그래서 삶을 회고하는 고령의 작가에게 그의 삶의 모든 순간은 이중적 의미에서 해석된다. 하나는 향유된 삶의 충족들이고, 또 하나는 삶의 연관에 작용을 가하는 힘이다. 그는 라이프치히, 스트라스부르 그리고 프랑크푸르트에서 이미 지나간 것〔과거〕에 의해 충족되고 규정되는 매순간의 현재를, 미래의 형성을 향해 뻗어나가고 있는 것으로, 한마디로 말하자면 발전으로 느끼고 받아들인다. 여기서 우리는 더욱 심층적인 차원에서, 삶을 파악하기 위한 도구로서 범주들 사이에 놓여 있는 제반 관계들에 주목한다. 삶의 의미는 형성과 발전의 도상에 있다. 이로부터 삶의 계기들의 의의는 나름의 고유한 방식으로 규정된다. 동시에 그 의의는 순간의 체험된 핵심 가치이자 그것이 작용하는 힘이다.

　모든 개개의 삶은 나름의 의미를 갖는다. 그 의미는 하나의 의의연관 속에 놓여 있는데, 그 연관 속에서 기억 가능한 모든 현재는 나름의 가치를 갖지만 동시에 그것은 기억의 연관 속에서 전체의 의미에 대해 하나의 관계를 갖게 된다. 개개의 현존이 갖는 이런 의미는 지극히 독특해서 〔자연과학적인 의미의〕 인식만으로는 해결 불가능하며 또 그것은 라이프니츠Gottfried W. Leibniz[17]의 단자(單子, Monade)[18]와 같은 자신만의 방식으로 역사적인 우주를 표상한다.

(4) 자서전

자서전이란 그 안에서 우리가 삶의 이해와 마주치게 되는 최상의, 그리고 가장 유익한 형식이다. 여기서 하나의 생애는 외적인 것이며 감각적으로 드러나는 것이다. 이해는 바로 이 외적이고 감각적인 현상에서 출발해, 일정한 환경 안에서 이런 생애를 드러내 보여주는 핵심으로 나아간다. 게다가 이런 생애를 이해하는 사람은 그것을 드러내 보여준 사람과 동일하다. 이 때문에 이해의 특별한 친밀성이 생겨난다. 자신의 삶의 역사 속에서 연관을 찾고 있는 동일한 인간이, 그가 자신의 삶의 가치라고 느꼈던 것, 삶의 목적으로서 실현했던 것, 삶의 계획으로 기획했던 것들 안에, 그가 회고하면서는 발전이라고, 미래를 내다보면서는 자신의 삶의 형성이자 최고선이라고 파악했던 것을 갖고 있다. 이 모든 것 안에서 이미 그는 자신의 삶의 한 연관을 서로 다른 관점들에 입각해 형성했다. 그 연관에 대해 이제 말해야 할 시점이다.

하나의 생애를 이해하려는 인간은 회고 속에서 그가 의의 있게 경험한 자기 삶의 순간들을 떠올려 받아들이고 나머지 것들을 망각 속으로 빠뜨려버렸다. 그런데 그런 순간에 대한 착각들을 미래가 바로잡아주었다. 그래서 역사적 연관의 파악과 서술을 위한 당면 과제는 여기서 이미 삶 자체에 의해 절반은 해결된다. 체험들에 대한 이런저런 상념들 속에서 일정한 통일성들이 만들어지고 그 안에서 현재적인 것과 과거적인 것이 하나의 공통된 의의를 통해 결속된다. 이런 체험들 중 자신과 삶의 연관에 대해 하나의 특별한 존엄성을 갖는 것들을 기억 속에서 보존하고, 또 생기와 망각의 끝없는 흐름에서 그것들을 건져올린다. 그리고 하나의 연관이 지속적으로 변천하는 가운데 삶이 처한 다양한 처지에서 삶 자체 안에 형성된다. 따라서 역사 서술의 과업은 이미 삶 자체에 의해 절반쯤은 이루어진 셈이다. 통일성들은 체험의 형태를 갖는다. 끝도 없고 셀 수도 없는 다양성에서 서술할 가치가 있는 것을 골라낼 준비가 이루어진다. 그리고 이렇게 선택된 그룹들 사이에서 하나의 연관을 보게 된다. 왜냐하면 개별적인 삶(즉 개인) 자체가 그 안에 들어 있는 연관에 대해 알고 있는 것을 표현하는 일이 바로 이해의 핵심 문제이기 때문이다. 물론 여기서 말하는 연관은 여러 해에 걸친 실제의 생애에 대한 단순한 모사(模寫)일 수 없고 또 모사이려고도 하지 않는다.

드디어 우리는 여기서 일체의 역사적 파악의 뿌리에 접근하고 있다. 자서전이란 단순한 한 인간의 개인적인 생애를 뛰어넘어, 작가적인 표현을 동원하여 이룩한 자기 성찰이다. 그러나 이런 자기 성찰은 모든 개인에게서 어느 정도 새롭게 나타난다. 그것은 늘 진행형이며 늘 새로운 형식들로 표출된다. 그것은 스토아 철학의 자기 고찰, 성인들의 고백록, 현대의 생철학에서처럼 솔론Solon의 운문에서도 잘 드러난다. 자기 성찰만이 역사적으로 바라보는 행위를 가능하게 해준다. 자신의 삶의 힘과 폭, 그것에 대한 성찰의 에너지는 역사적인 조망의 토대이다. 오직 그것만이 피가 흐르지 않는 과거의 그림자에 제2의 생명을 줄 수 있다. 자신을 낯선 실존에 내맡겨 자아를 그 안에서 잃어버리고자 하는 무한한 욕구와 자기 성찰이 결합함으로써 위대한 역사가가 탄생하게 된다.

그렇다면 자신의 생애를 고찰함으로써 우리가 개개의 부분들을 하나의 전체——그 안에서 삶이 이해되어야 한다——와 연결시키도록 해주는 연관을 구성하는 것은 무엇인가? 삶을 이해하는 과정에서 가치, 목적, 의의 등의 범주들이 사고의 보편적 범주들에 추가되었다. 그리고 그것들에는 삶의 형성이니 발전이니 하는 포괄적인 개념들도 포함되었다. 이런 범주들의 상이성은 무엇보다도 일정한 시간 속을 살다가는 생애를 파악하는 관점에 의해 제약을 받는다.

회상 속에서 과거를 돌아봄으로써 우리는 그것의 의의라는 범주를 갖고 일정 기간 진행된 생애의 연관을 파악한다. 우리가 현실성으로 충만해 있는 현재를 살고 있다면 우리는 감정 속에서 긍정적 또는 부정적 가치를 경험하게 된다. 그리고 우리가 미래를 향해 뻗어나가는 것과 마찬가지로 이런 태도에서 목적의 범주가 성립된다. 우리는 삶 또는 인생을, 개개의 목적들이 모두 지향하고 있는 하나의 최상의 목적을 실현하는 것이라고 해석한다. 즉 최고선의 현실화라고 해석하는 것이다. 이런 범주들 가운데 그 어떤 것도 다른 범주에 종속될 수가 없다. 왜냐하면 모든 범주는 또 다른 관점에서 삶의 전체라는 것을 이해하려고 하기 때문이다. 그래서 그것들끼리는 서로 비교하는 것이 불가능하다.

범주들이 생애의 이해에 대해 갖는 관계에서 한 가지 차이점이 드디어 타당성을 갖게 된다. 현재의 체험에서 그리고 오직 그 체험에서만 경험되는 진정한 가치들은 일차적으로 경험 가능한 것들이지만 서로서로 떨어져 있다. 왜냐하면 그 가치들은 모두 어느 현재에서 주관에게 드러나는 대상에 대한 주관의 관계와 관련해서 생겨나기 때문이다. (이에 반해 우리가 하나의 목적을 설정할 경우 우리는 앞으로 실현되어야 하는 하나의 목적에 관한 표상에 대해 태도를 취한다.) 그래서 체험된 현재의 진정한 가치들은 서로서로 떨어져 있게 된다. 그것들은 단지 서로 비교 평가될 수는 있다. 그렇지 않고 그냥 가치라고 불리는 것은 진정한 가치들에 대한 관계들을 지칭할 뿐이다. 우리가 어떤 대상에 하나의 객체[객관]적 가치를 부여할 경우 이는 단지 그 대상과 관련해서 우리가 서로 다른 가치들을 체험할 수 있음을 뜻한다. 또 어떤 대상에 하나의 작용 가치를 부여할 경우, 그것은 그저 하나의 가치가 시간 진행상 뒤에서 나타날 수 있음을 보여준다. 이 모든 것들은 순전히 논리적인 관계들이며, 현재에서 체험된 가치는 이런 관계 속에서 등장할 수 있다. 그래서 가치의 관점 아래에 놓인 삶은 긍정적이거나 부정적인 실존 가치들의 무한한 충만으로 보이게 된다.

이는 화음과 불협화음의 혼돈과 비슷하다. 이들 각각은 그때그때의 현재를 가득 채우고 있는 하나의 음상(音像)이다. 그러나 그것들은 서로 아무런 음악적 관계도 갖고 있지 않다. 미래 지향적인 관점에서 삶을 파악하는, 목적 또는 선(善)의 범주는 가치의 범주를 전제로 한다. 그리고 가치의 범주에서도 삶의 연관은 도출될 수 없다. 왜냐하면 목적들 간의 관계는 단지 가능성, 선택, 포섭의 관계일 뿐이기 때문이다. 의의라는 범주만이 삶의 부분들 간의 병렬 관계나 포섭 관계를 넘어설 수 있다. 그리고 역사가 기억이며 이런 기억에 의의의 범주가 속하는 바와 같이, 이는 역사적 사유의 가장 고유한 범주다. 따라서 그것은 이제 그 무엇보다도 점진적으로 발전해간다.

(5) '삶의 연관'에 대한 보충

그리고 이제 여기서 행위와 인내라는 범주들과 관련해 힘의 범주가 탄생한다. 우리가 보았던 바와 같이 행위와 인내는 자연과학에서 인과성 원리의 토대이다. 가장 엄밀한 형태에서 그 같은 원리는 역학(力學)에서 발전되어 나왔다(이와 관련해서는 [나의] 《정신과학 입문》, 509쪽 이하; 《전집》 제1권, 399쪽 이하를 참조하라). 자연과학에서 힘은 하나의 가설적 개넘이다. 자연과학에서 그 개념의 타당성이 수용될 경우, 그 것은 인과성 원리를 통해 규정된다. 정신과학에서 그것은 체험 가능한 것을 지칭하는 범주적 표현이다. 힘이라는 개념은 우리가 미래를 향해 뻗어나가고 그런 일이 다양하게 일어날 때 성립된다. 예를 들어 다가올 행복에 대해 꾸는 꿈들에서, 여러 가지 가능성들을 꿈꾸는 상상력 놀이에서, 미심쩍음과 공포감에서 성립되는 것이다. 그리고 이제 우리는 우리 실존의 여러 가지 상상 속의 가능성들을 펼치는 것을 중단하고 어느 하나의 정점을 향해 그것들을 모아 간다. 즉 그런 가능성 중에서 우리는 어느 한 가지를 실현하겠다고 결정한다.

이제야 비로소 등장하는 목적이라는 표상은 현실적인 것들의 범위에서는 아직 존재하지 않지만 이제 현실 속으로 들어와야 하는 어떤 새로운 것을 포함하고 있다. 여기서 중심 문제가 되는 것은, 의지에 관한 일체의 이론들과 전혀 무관하지만, 심리학자들이 물리학적으로 해석할 수도 있는 긴장, 어떤 목표를 향한 지향, 그러나 이제 현실 속에 아직 존재하지 않은 어떤 것을 실현하겠다는 의도의 성립이다. 그리고 많은 가능성 중 하나를 선택하는 것과 어떤 특정한 목표 표상을 실현하겠다는 의도, 그것의 수행을 위한 수단의 선택과 수행 자체 등이다. 삶의 연관이 이것들을 수행하는 한 우리는 그것을 힘이라고 부른다.

정신과학에서 결정적인 개념! 정신과학이 도달하는 한에

서 우리는 그것을 하나의 전체, 연관과 연결시킨다. 언제나 그 안에는 자명한 것과 같은 상태들의 존립이 포함된다. 그러나 역사학은 변화들을 이해하고 표현하려 하기 때문에 에너지, 운동 방향, 역사적 힘의 전환 등을 표현해주는 개념들을 통해 이루어진다. 역사학의 개념들은 이런 성격을 많이 가지면 가질수록 그 대상의 본성을 잘 표현하게 된다. 개념으로 대상을 확정하는 과정에서 그 대상에게 시간과는 독립된 타당성의 성격을 부여하는 일은 단지 그것의 논리적 형식에 속한다. 그러나 삶과 역사의 자유를 표현하는 개념들을 형성하는 일은 매우 중요하다. 홉스Thomas Hobbes는 종종 삶은 지속적인 운동이라고 말했고, 라이프니츠와 볼프Friedrich A. Wolf는 공동체뿐만 아니라 개인에게서도 앞으로 나아가고 있다는 의식에 행복이 놓인다고 했다.

삶과 역사의 이 모든 범주들은, 체험 가능한 것에 대한 진술에서 늘 그런 것은 아니지만, 정신과학적인 영역에 보편적으로 적용되어야 하는 진술의 형식들이다. 이것들은 체험 자체에서 나온다. 이것들은 추가적으로 부과되는 그런 유의 것이 아니라 시간적인 진행 과정 속에 들어 있는 삶 자체의 구조적인 형식들이며 의식의 통일성 속에 뿌리를 두고 있는 작용들이다. 그렇다면 체험의 영역 내에 있는 이런 범주의 주체는? 그것은 무엇보다도 하나의 신체에서 일어나고 삶의 의도와 장애의 관계들 속에 있는 자아로서 외부 세계의 압력으로 외부, 즉 체험 불가능한 것, 낯선 것과 구별되는 생애이다. 그러나 그것은 이미 진행된 술어들을 통해 좀 더 가까운 규정들을 포함하며 따라서 우리의 모든 진술들은 이미 체험의 영역 속에 있게 된다. 이미 그런 한에서 진술들은 그 대상들을 생애 속에서 갖게 되며, 따라서 술어들은 이런 진술의 본성에 따라 이 생애에 대해 진술한다. 그 진술은 무엇보다 일정한 삶의 연관에 대한 것이다. 진술들은 그것들이 배경으로 객관 정신을 갖고 있고 지속적인 상관자로서 타자에 관한 파악을 갖고 있다는 사실을 통해 공통적인 것, 보편적인 성격을 갖게 된다.

그러나 자신의 생애에 대한 이해는 이제 그 이전의 그룹들과는 본질적으로 구별되는 마지막 단계의 범주들에서 완수된다. 그 이전의 범주들은 자연 인식의 범주들과 일정한 친족 관계였다. 그러나 이제 자연과학의 그것과는 비교할 수 없는 전혀 다른 범주들이 우리 앞에 등장한다.

자신의 삶을 파악하고 해석하기 위해서는 일련의 오랜 단계들을 통과하게 된다. 그에 대한 가장 완성된 상술(詳述)이 자서전이다. 여기서 자아는 자신의 삶이 엮이게 되는 인간적 기층(基層)과 역사적 관계들을 의식할 수 있도록 자신의 생애를 파악한다. 그래서 결국 자서전은 하나의 역사적 그림으로 확장될 수 있다. 그리고 역사적 그림만이 그 삶에 일정한 한계와 동시에 의의를 부여해줄 수 있다. 그리하여 삶은 체험을 통해 전달되고 이런 심층적인 것으로부터 자기 자신의 자아 그리고 세계에 대한 자아의 관계가 이해된다. 자기 자신에 대한 한 인간의 성찰은 준거점이자 토대로 남게 된다.

2. 다른 사람들과 그들 삶의 표출 이해

이해와 해석은 정신과학을 실현시켜주는 방법이다. 모든 기능들은 그 안에서 하나가 된다. 이해와 해석은 모든 정신과학적 진리들을 담고 있다. 모든 점에서 이해는 하나의 세계를 열어준다.

체험과 그러한 체험 자체에 대한 이해를 바탕으로, 그리고 체험과 이해 양자의 지속적인 상호작용 속에서 낯선 삶의 표출이나 다른 사람들에 대한 이해가 이루어진다. 여기서도 핵심이 되는 과제는 논리적 구성이나 심리학적 분해가 아니라 학문 이론적 의도에서 이루어지는 분석이다. 역사적 지식과 구별되는, 타자에 대한 이해가 갖는 이점이 무엇인지 분명하게 밝혀져야 한다.

(1) 삶의 표출
여기서 주어지는 것은 늘 삶의 표출이다. 감각 세계에서 드러나는 이 표출은 하나의 정신적인 것의 표현이다. 그래서 삶의 표출은 우리가 정신적인 것을 인식할 수 있도록 해준다. 나는 삶의 표출이라는 말을 무엇인가를 의도하거나 의욕하는 표현뿐만 아니라 정신적인 것을 드러내려는 의도 없이 우리에게 뭔가를 이해하게끔 만들어주는 것까지도 포함해서 사용한다.

이해의 종류와 효과는 삶의 표출의 종류에 따라 다르다.

첫 번째 종류는 개념, 판단, 추리 등이다. 이것은 이것이 등장하는 체험에서 나오는, 학문의 구성 부분으로서, 이것의 논리적 규범의 적합성에 있어 하나의 공통된 근본 성격을 갖고 있다. 이런 성격은 그것들이 나타나게 되는 사고연관에서의 위치와는 독립된 자기성에 놓여 있다. 판단이란 시간이나 공간, 또는 등장인물과 상관없는, 어떤 사고 내용의 타당성을 말한다. 바로 여기에 A=A라는 동일률의 의미가 있다. 그래서 그것을 표현하는 사람의 판단과 그것을 이해하는 사람의 판단은 동일한 것이다. 왜냐하면 그것은 마치 그것을 진술하는 사람의 소유에서 그것을 이해하는 사람의 소유로 아무런 변화 없이 바뀌는 것과 같기 때문이다. 이는 논리적으로 완전한 모든 사고연관을 위해서 이해의 근원적 성격을 규정해준다. 이해는 여기서 단순한 사고 내용을 향하며, 이런 사고 내용은 모든 연관 안에서 그 자체로 동일하다. 따라서 여기서의 이해는 여타의 모든 삶의 표출과 관련된 이해보다는 더욱더 완전하다. 그러나 동시에 그것은, 파악하는 사람을 위해 그것이 어두컴컴한 배경과 맺고 있는 관계나 정신 생활의 충만에 대해 아무것도 말해주지 않는다. 여기서는 삶의 고유한 특수성에 관한 그 어떤 시사점도 주어지지 않으며, 바로 그 근원적 성격에서부터 그것이 정신적인 연관으로 돌아가야 한다는 그 어떤 요구도 포함하고 있지 않다는 결론이 절로 나온다.

두 번째 종류의 삶의 표출은 행위이다. 하나의 행위는 뭔가를 전달하려는 의도에서 나오는 것이 아니다. 오히려 행위가 하나의 목적과 맺고 있는 관계에 따라 그 행위에 의도가 부여된다. 행위로 그 자신을 표현하는 정신적인 것과 행위가 맺는 관계는 규칙적이며, 아마도 그것에 관해 승인을 해주는 역할을 할 것이다. 하지만 행위에 영향을 주고 또 그것의 표현이 바로 행위인, 주위의 제약을 받는 정신 생활의 처지나 상황을 삶의 연관 자체와 분리해내는 일은 필수적이다. 왜냐하면 그런 처지나 상황은 이 연관에 바탕을 두고 있기 때문이다. 개개의 행위는 삶의 충만에서 일방적으로 비롯되는 결정적인 운동 근거의 힘을 통해 이루어진다. 물론 행위가 대단히 중요하기는 하지만 결국 그것은 우리 본질의 일부만을 표현할 뿐이다. 이런 본질에 놓여 있는 많은 가능성들은 행위를 통해 사라져간다. 그래서 행위도 삶의 연관의 배경에서 분리된다. 그리고 그 환경에서 목적, 수단, 삶의 연관 등이 어떻게 연결되어 있는지에 대한 규명이 없으면, 행위는 그것의 원천인 내면(內面)에 대한 그 어떤 전면적인 규정도 보장해 주지 못한다.

세 번째는 전혀 다른 종류로, 체험 표현이다! 체험 표현이나 그것의 원천인 삶과, 그것이 작용을 가하는 이해 사이에는 하나의 특별한 관계가 있다. 표현은 그 어떤 내관이 가질 수 있는 것보다 훨씬 많은 정신적 연관들을 포함할 수 있다. 그것은 의식이 미처 다 밝히지 못하는 저 깊은 곳에서 그것을 끌어올린다. 하지만 동시에 체험 표현의 본성 때문에 그것과 그것 안에 표현된 정신적인 것 간의 관계는 매우 제한적으로 이해를 위한 근거가 되지 않으면 안 된다. 체험 표현은 참과 거짓이라는 판단의 대상이 아니라 진실한가 그렇지 않은가의 판별 대상이다. 왜냐하면 여기에서는 위조나 위장, 거짓, 기만 등이 표현과 표현된 정신적인 것의 관계를 파괴하기 때문이다.

하지만 여기서는 더욱 중요한 구별이 부각된다. 정신과학에서 체험 표현이 올라갈 수 있는 최상의 의의는 바로 이 구별에 근거를 둔다. 일상의 삶에서 나오는 것은 삶의 관심의 힘 아래에 놓여 있다. 끊임없이 지나가버리는 것이 되고 마는 것에 대한 해석도 시간에 의해 규정된다. 조심해야 할 점은, 실제적인 이해관계들의 투쟁에서 모든 표현이 [우리를] 기만할 수 있다는 것이다. 해석 또한 우리의 입장 변화를 통해 바뀌게 된다. 그러나 이제 위대한 작품들에서 어떤 정신적인 것이 작가, 시인, 화가 등과 분리됨으로써 우리는 기만이 끝나는 하나의 영역에 들어서게 된다. 진실로 위대한 그 어떤 작품도 후일 상황이 바뀌었다고 해서 그 창작자에게 낯선 정신적 내용으로 위장할 수 없다. 그런 작품은 도대체가 작가에 대해서는 아무것도 말하지 않으려고 한다. 그것은 그 자체로 진실하며, 고정되어 있고, 볼 수 있으며, 지속적이기 때문에 예술적으로 확실한 이해가 가능하게 된다. 그래서 지식과 행위의 연결은 하나의 순환을 이루고, 그런 순환 속에서 삶은 관찰이나 반성 또는 이론으로는 접근할 수 없는 저 깊은 속에서부터 자신을 분출해낸다.

(2) 이해의 요소적인 형식들

이해는 무엇보다 실천적인 삶의 관심 속에서 생겨난다. 각각의 사람들은 서로 소통의 관계를 맺고 있다. 그들은 대립적으로 이해되어야 한다. 한 사람은 다른 사람이 무엇을 원하는지를 알아내야 한다. 그래서 일차적으로 이해의 요소적인 형식들이 생겨난다. 이런 이해는, 서로 연결됨으로써 좀 더 고차적인 형식들을 가능하게 해주는 일종의 철자(綴字)와도 같다. 내가 말하는 이해의 요소적인 형식이란 개개의 삶의 표현에 대한 통일적인 해석이다. 논리적으로 보자면 그런 해석은 유비추론으로 서술될 수 있다. 이런 추론은 그런 해석과 그것에 표현된 것 간의 규칙적인 관계를 통해 매개된다. 나아가 그런 해석의 개별적인 삶의 표현은 모든 종류의 이해에서 가능하다. 하나의 문장을 형성하는 단어로 나아가게 되는 일련의 철자들은 하나의 진술에 대한 표현이다. 어떤 표정이나 안색은 우리에게 기쁨이나 고통을 보여준다. 추후에 좀 더 복잡한 행동을 구성하게 되는 요소적인 행동, 예를 들어 물건을 들어올리거나 망치로 내려치거나 톱으로 나무를 자르는 등의 행동들은 일정한 목적을 가지고 있음을 우리에게 보여준다. 그래서 이런 요소적인 이해에는 전체적인 삶의 연관으로 거슬러 올라가는 일이 일어나지 않는다. 그리고 그런 삶의 연관은 삶의 표현들의 지속적인 주체를 형성한다. 그리고 우리는 거기서 생겨난 하나의 추론에 대해 아무것도 모른다.

요소적인 이해의 과정이 바탕을 두고 있는 근본 관계는, 표현이 그 안에 표현된 것과 맺고 있는 근본 관계이다. 요소적인 이해는 원인에 대한 결과의 추론이 아니다. 또 우리는 더욱 조심스러운 입장에서 그것을, 주어진 결과에서 일정한 삶의 연관으로 소급해 올라가는 절차로 파악해서도 안 된다. 분명한 것은 이 후자의 관계가 사태 자체에 포함되어 있다는 것이며, 따라서 이런 이행은 말하자면 문 앞에 있는 것이지 굳이 안으로 들어갈 필요는 없다.

그리고 이런 식으로 서로 관련되는 것은 그 나름의 방식으로 서로 연결되어 있다. 여기서 삶의 표출과, 모든 이해 안에서 작동하고 있는 정신적인 것 사이의 관계는 가장 요소적인 형태로 타당성을 갖는다. 그리고 그런 관계에 따라 정신적인 것의 특징은 이 안에 표현된 정신적인 것으로 목표를 옮기지만, 감각에 주어지는 표출은 정신적인 것 안으로 사라지지 않는다. 이 두 가지, 즉 동작과 공포가 병립 관계가 아니라 하나의 통일성이듯, 표현에서 정신적인 것으로 나아가는 관계는 이런 근본 관계에 바탕을 둔다. 그러나 이제 앞으로 다루게 될 이해의 모든 요소적인 형식들의 근원적 성격은 여기로 들어선다.

(3) 객관 정신과 요소적인 이해

나는 정신과학적 인식의 가능성에 대해 객관 정신이 갖는 의의를 이미 서술한 바 있다. 내가 말하는 객관 정신이란, 개인들 사이에 있는 공통점들이 의미의 세계에서 객관화되는 다양한 형태들이다. 이런 객관 정신에서 보자면 과거는 우리에게 지속적으로 현존하는 현재이다. 객관 정신의 영역은 삶의 양식, 교제의 형식들에서 한 사회가 형성되는 목적의 연관, 다시 말해 인륜, 법, 국가, 종교, 예술, 과학, 철학 등에까지 이른다. 물론 천재의 작품도 한 시대와 환경에서 이념, 정서 생활, 이상 등의 공통점을 표상한다. 우리의 자아는 아주 어릴 때부터 바로 이런 객관 정신의 세계로부터 자양분을 받아들인다. 그 세계는 또한 타자에 대한 이해와 그들의 삶의 표현의 이해가 수행되는 매개체이다. 정신이 객관화된 것은 모두 그 자체에 나와 너에게 공통되는 것을 포함하고 있기 때문이다. 꽃을 심은 모든 공터, 의자가 있는 모든 거실은 어려서부터 쉽게 이해된다. 왜냐하면 하나의 공통된 것으로서 인간적인 목적 설정, 정리 정돈, 가치 규정 등은 방에 있는 모든 자리와 대상에 그 위치를 지정해주기 때문이다. 아이는 가정의 질서와 규범 속에서 자라난다. 그 가족의 다른 구성원들도 그런 질서와 규범을 함께 나눠 갖는다. 어머니의 지시나 명령도 이런 맥락에서 아이에게 수용된다. 아이는 말하는 것을 배우기도 전에 이미 공통적인 것들의 매개체 속에 흠뻑 젖는다. 그리고 아이가 몸짓과 표정, 움직임과 외침, 단어와 문장 등을 이해하는 법을 배우는 것도 다름 아니라 그것들이 아이에게는 늘 그것들이 의미하고 표현하는 바와 동일한 관계로 나타나기 때문이다. 그래서 개인은 객관 정신의 세계를 지향한다.

이제 이 세계에서 이해의 과정에 대단히 중대한 의미를 갖는 결과가 나온다. 개인이 파악하는 삶의 표현은 그에게 통상 개별적인 것으로서의 표현인 동시에 공동체에 관한 지식과, 그 공동체에 주어진, 내적인 것과의 관계로 충만해 있다.

이처럼 개별적인 삶의 표현을 하나의 공통적인 것으로 묶어 분류하는 일은 객관 정신이 이미 잘 분류된 질서를 포함하고 있다는 사실로 인해 더욱 쉬워진다. 객관 정신은 법이나 종교 같은 개개의 동질적인 연관들을 포괄하고 있으며, 이 연관들은 하나의 고정적이고 규칙적인 구조를 갖고 있다. 그래서 민법의 경우 법조문으로 표현된 명령은 소송 절차, 법원 그리고 판결 집행을 위한 기구와 연결되어 있다. 그리하여 그런 연관 안에는 여러 형태의 전형적인 차이들이 존재한다. 이해의 주체에게 나타나는 개개의 삶의 표현들은 그래서 공통성의 한 영역, 즉 하나의 유형에 속하는 것으로 파악될 수 있다. 그리고 이런 공통성 안에 있는, 삶의 표현과 정신적인 것 간의 관계에 따라 삶의 표현에 속하는 정신적인 것의 완성은, 동시에 어떤 공통적인 것으로 묶어 분류하는 일과 더불어 주어진다.

예를 들어 하나의 문장은, 어떤 언어 공동체 안에서 그 단어의 뜻이나 통사적인 분류의 의미 같은 굴절 형태의 뜻과 관련해 존재하는 공통점을 통해 이해된다. 일정한 문화권 안에는 일정한 형태의 행동 양식이나 처신의 방식이 확정되어 있으므로 떠날 때의 인사말이나 목례가 다른 사람들에 대한 일정한 정신적 태도를 표시하게 되고 또 그런 것으로 이해된다. 수공업은 여러 나라에서 목표 달성을 위해 하나의 일정한 절차와 도구들을 발전시켰다. 그런 절차나 도구를 통해 우리는 어떤 '수공업자'가 망치나 톱을 사용했을 때 그의 목적을 이해하게 된다. 결국 여기서도 공통성으로 엮어낸 질서를 통해 삶의 표현과 정신적인 것의 관계가 확정된다. 이렇게 됨으로써 왜 그런 관계가 개개의 삶의 표현에 대한 파악에서 드러나는지, 그리고 왜 표현과 표현된 것 간의 관계의 근거에 대한 의식적인 추론 절차를 밟지 않고서도 이해의 과정에서 생겨나는 두 가지가 완전히 하나로 통합되는지가 설명된다.

우리가 그런 요소적인 이해를 위해 하나의 논리적인 구성을 추구할 경우, 이런 연관은 개별적인 경우들에서 표현과 표현되는 것의 연관이 주어져 있는 유대 관계를 통해 드러나게 된다. 이런 유대 관계를 매개로 해서 삶의 표현이란 어떤 정신적인 것의 표현이라는 주장이 가능해진다. 그래서 이는 하나의 유추적인 결론을 내놓는다. 즉 유대 관계에 포함되어 있는, 진리가 포함된 일련의 사건들을 매개로 해서 주관〔주체〕에 관한 술어가 진술된다는 것이다.

여기에 전개된 요소적 이해와 고차적 이해간의 구별에 대한 논의는 역사적인 해석에서 실용적인 해석을 분리해내는 것을 정당화해준다. 왜냐하면 그런 논의는 이 같은 구별을, 이해 자체에 놓여 있는 관계, 즉 요소적 형식과 고차적인 형식간의 관계로 환원시키기 때문이다.

(4) 좀 더 고차적인 이해의 형식들

요소적인 형태의 이해에서 좀 더 고차적인 이해로의 이행은 이미 요소적인 이해 안에서 이루어졌다. 주어진 삶의 표현과 이해하는 사람 간의 내적인 거리가 커질수록 불확실한 것들이 더 많이 생겨난다. 그런 차이를 극복하려는 시도가 이루어진다. 고차적인 이해를 향한 첫 번째 이행은, 이해가 삶의 표현과 그 안에 표현된 정신적인 것 간의 정상적인 연관에서 출발할 때 이루어진다. 이해의 체험에서 어떤 내적인 어려움 또는 이미 알고 있던 것과의 상충이나 모순 등이 생길 경우, 이해하는 사람은 시험에 들게 된다. 그는 먼저 삶의 표현과 내적인 것 사이에 정상적인 관계가 생기지 않는 경우를 떠올린다. 이런 어긋남은 이미 우리가 우리의 내면적인 상태, 이념들, 의도들을 어떤 불투명한 태도나 침묵을 통해 부적격자의 시선에서 떼어내는 경우에 존재한다. 여기서는 명확한 삶의 표현의 부재만이 관찰자에게 잘못 해석된다. 하지만 적지 않은 경우에서 우리는 우리를 속이려는 의도가 있다고 믿어야 한다. 표정, 몸짓, 말 등은 내적인 것과 모순을 이룬다. 그리하여 우리가 겪고 있는 회의에 대한 하나의 결단에 이르기 위해서는 또 다른 삶의 표현들을 끌어내거나 전체적인 삶의 연관으로 환원시켜야 하는 과제가 서로 다른 방식으로 생겨난다.

하지만 실천적 삶의 교류로부터 개별적인 인간의 성격과 능력들에 관한 판단을 내릴 것에 대한 독자적인 요구가 생겨나게 된다. 우리는 늘 개개의 몸짓, 표정, 합목적적 행위에 관한 해석이나 또는 그런 것들의 집합 행위들에 대한 해석을 생각한다. 그것들은 유추의 추론으로 완성되지만 우리의 이해는 계속 진행된다. 행위와 교제, 사회 생활, 직업과 가족 등은 우리로 하여금 그것들을 어느 정도까지 고려할 수 있는지를 확정짓기 위해 우리를 둘러싸고 있는 사람들의 내면을 통찰하도록 이끈다. 여기서 표현과 표현되는 것의 관계는 다른 사람의 다양한 삶의 표현들과, 그 저변에 있는 내적인 연관 사이의 관계 안에 있는 것을 넘어선다.

이는 더 나아가 변화하는 환경들도 고려에 넣는다. 따라서 여기에는 개개의 삶의 표현들에서 삶의 연관 전체로 나아가는 귀납논법이 놓여 있다. 그것의 전제는 정신적인 삶 그리고 주변 환경에 대한, 주변 환경들 간의 또는 주변 환경에 관한 관계에 대한 지식이다. 일련의 주어진 삶의 표현들처럼 한정되고, 또 정초하는 연관처럼 무규정적인 그 사건은 그럴듯하다는 성격만을 내세울 수 있다. 그리고 만일 거기서 이해된 삶의 통일성의 행위가 새로운 환경 아래 추론될 경우, 심리적 연관에 대해 귀납적으로 획득된 통찰에 기초한 연역적 결론은 단지 기대나 가능성에서만 추론될 수 있다. 기껏해야 그럴듯하다는 것에 이를 뿐인 하나의 심리적 연관의 진행은 새로운 환경의 등장으로 기대를 불러일으킬 수는 있지만 결코 확실성에는 이르지 못한다. 그 전제 자체가 계속 발전해갈 수 있는 성격의 것이다. 그러나 그것이 확실성에까지

고양될 수는 없다는 것도 입증될 것이다.

하지만 모든 고차적인 형태의 이해가 작용자에 대한 피작용자의 근본 관계에 근거를 두는 것은 아니다. 이런 가정이 요소적인 형태의 이해에서는 얼마나 부적합한 것인지는 이미 드러났다. 하지만 고차적 이해의 대단히 중요한 부분도 표현과 표현되는 것의 관계에 근거를 두고 있다. 숱한 경우에 정신적 창작물의 이해는 오직, 한 작품의 개별적인 부분들이 하나의 전체를 이루는 연관만을 지향하고 있다. 그것은 다음과 같은 사실을 지지해준다. 즉 이해는 정신적 세계에 관한 우리의 지식을 위해 최고의 성과를 내던져버리므로 이런 형태의 이해는 그 자체로 타당하게 된다는 것이다. 하나의 드라마를 공연한다고 하자. 문학에 조예가 없는 관객은 그 작품의 저자를 생각하지 않고서도 얼마든지 살고 동시에 문학적 교양을 가진 사람도 여기서 일어나는 것의 마력에 흠뻑 젖어 살 수 있다. 그래서 그의 이해는 행위의 연관, 그 사람들의 성격, 운명의 변화를 규정하는 계기들의 파악 등을 지향한다. 자, 이제 그는 삶에서 주어지는 단면들의 완전한 현실성을 향유하게 된다. 그래야만 그의 내면에서 작가가 그로 하여금 느끼게 하고 싶었던 대로의 이해와 추체험의 과정이 완전하게 수행될 것이다. 그리고 정신적 창작물들에 대한 이러한 이해의 모든 영역에서는 표현과, 거기에 표현된 정신 세계의 관계만이 지배한다. 관객이 그가 하나의 작품으로 받아들인 것이 작가의 머릿속에서 얼마나 인위적으로 그리고 계획적으로 만들어진 것인가를 주목할 때, 삶의 표현들의 총체라는 이런 관계에서부터 그것들에 의해 표현된 것에 이르기까지 모두를 지배했던 이해는 이제 창작물과 창작자 사이를 지배했던 관계를 넘어서게 된다.

우리가 위에서 말한 고차적 형태의 이해들을 통합해서 볼 경우, 그것의 공통적인 성격은 그것들이 하나의 주어진 표현들에서 시작해 귀납적인 추론 방식으로 하나의 전체의 연관을 이해한다는 사실이다. 게다가 여기에서 외적인 것에서 내적인 것으로의 진행 과정을 규정하는 근본 관계는 일차적으로 표현과 표현된 것의 관계일 수도 있고 실질적으로는 작용자와 피작용자의 관계일 수도 있다. 말하자면 그러한 절차는 재구성을 위한 요소들에 대한 접근을 가능하게 해주는 요소적인 이해에 바탕을 둔다. 그러나 그것은 이제 또 하나의 특징, 즉 고차적인 이해의 본성을 완전히 꿰뚫어볼 수 있는 특징을 통해 요소적인 이해와 구별된다.

이해는 항상 자신의 대상에 대한 하나의 개체를 갖고 있다. 그리고 더 고차적인 형태들에서 이해는 이제 하나의 작품이나 삶에 함께 주어진 것의 귀납적인 총괄에서부터 하나의 작품이나 인격체 또는 삶의 관계에 있는 연관으로 나아간다. 하지만 이제 우리 자신의 체험과 이해에 대한 분석에서 정신적 세계에서의 개체는 자기 가치, 즉 우리가 확실하게 확정할 수 있는 유일한 자기 가치라는 사실이 드러난다. 그래서 개체는 보편적으로 인간적인 것의 한 경우로서뿐만 아니라 하나의 개별적인 전체로서 우리에게 몰두한다. 이 같은 몰두는 계속해서 우리로 하여금 다른 사람들과 더불어 생각하게끔 강요하는 실천적 관심과는 독립적으로 우리 삶에서의 두드러진 공간을 고상하거나 천박한 형태, 속물적이거나 무의미한 형태로 차지한다. 한 사람의 비밀은 자기 자신을 위해 이해의 더욱 새롭고 심오한 시도로 그를 자극하고 이끈다. 그리고 그런 이해 속에서 인간과 그의 창작물들을 모두 포괄하는 개인들의 영역이 드러난다. 바로 여기에 정신과학을 위한 이해의 가장 고유한 기능이 놓여 있다. 객관 정신과 개인의 힘은 함께 정신적인 세계를 규정한다. 역사란 바로 이 두 가지에 대한 이해에 기반한다.

하지만 우리는 개인들의 유사성, 즉 그들 간의 공통점에 의거해서 그들을 이해한다. 이러한 과정은 보편적으로 인간적인 것과 개별화의 연관을 전제로 한다. 그 개별화는 그런 보편적으로 인간적인 것을 바탕으로 해서 다양한 정신적 실존의 형태로 나아간다. 그리고 그 연관 속에서 우리는 개별화에 이르는 이런 통로를 내적으로 겪어야 하는 과제를 계속해서 해결해나간다. 이런 과제의 해결을 위한 재료를 이루는 것이 다름 아닌 개별적으로 주어지는 것들이다. 그것들은 귀납을 통해 포괄적으로 파악된다. 주어지는 모든 것은 개별적인 것이며 이해 과정에서도 그렇게, 즉 개별적인 것으로 파악된다. 따라서 그것은 전체의 개별적인 피규정성을 파악하게 해주는 계기를 포함한다.

하지만 그 절차의 전제는 개별적인 것에의 침잠을 통해, 즉 이런 개별적인 것을 저런 개별적인 것과 비교함으로써 점점 더 발전된 형태로 나아가며 그 결과, 이해라는 일은 정신세계의 더욱 깊은 곳으로 들어간다. 객관 정신이 그 자체에 유형으로 분절된 하나의 질서를 포함하고 있듯이, 인류에게도 하나의 질서 체계가 들어 있다. 그 체계는 이해가 보편적으로 인간적인 것에 들어 있는 규칙성과 구조에서 개별적인 것들을 파악하게 해주는 유형으로 나아간다. 만일 우리가 이것들이 질적 차이들을 통해서가 아니라 개별적 계기들의 강조를 통해 구별된다고 하는 사실에서 출발한다면, 그 강조에는 개별화의 내적인 원리가 들어 있다. 그리고 이제 우리가 이해의 작용에서 두 가지, 즉 정신적 삶과 그 상황을 개별화의 외적인 원리로서의 환경을 통해 변화시키는 것과, 구조의 계기들의 상이한 강조를 통해 내적으로 변화시키는 것을 작동시킬 수 있다면, 인간의 이해, 즉 문학 작품들에 대한 이해는 삶의 거대한 비밀에 이르는 통로가 될 것이다. 또 실제로 그러하다. 이를 알아차리려면 우리는 이해에서는 논리적인 공식들에 의해 그 어떤 서술에도 접근할 수 없음을 주목해야 한다. 여기서 중요한 것은 다만 그 같은 도식적이고 상징적인 서술일 수 있다.

(5) 역지사지, 모방, 추체험

고차적인 이해를 자신의 대상으로 삼는 입장은 주어진 것에서 삶의 연관을 찾아내는 과제에 의해 규정된다. 이는 오로지 자신의 체험에 주어져 있고 수없이 많은 경우들에서 경험하게 되는 그 연관이 그 안에 놓인 일체의 가능성들과 함께 항상 현재화되고 준비되어 있음으로써만 가능하다. 우리는 이해의 과제 속에 주어지는 이 같은 구성틀을, 인간을 향한 것이건 작품을 향한 것이건 관계 없이 역지사지(易地思之, Hineinversetzen)라고 부른다. 그래서 하나의 시에 담긴 모든 구절은 그 시의 출발점이 되는 체험의 내적 연관을 통해 삶으로 환원된다. 영혼 또는 정신 속에 있는 가능성들은 요소적인 이해의 기능을 통해 파악되는 외적인 단어들에 의해 드러난다. 영혼은 항상 유사한 삶의 처지에서 향유되고 조명되고 요구되고 작용을 받는 통상적인 궤도를 가게 된다. 과거와 미래의 꿈들에는 수없이 많은 길들이 열려 있다.

예를 들어 수없이 많은 사상의 특징들은 읽은 단어들에서 출발한다. 이미 시가 외적인 상황을 이야기함으로써 시는 시인의 단어들이 그것들에 속하는 기분을 느끼게끔 자극한다. 여기서도 이미 앞서 언급했던 관계는 타당하다. 그런 관계에 따르면 체험의 표현들은 시인이나 예술가의 의식 속에 있는 것보다 훨씬 많은 것을 포함하며 바로 그 때문에 더욱 많은 것을 되불러오게 된다. 만일 이제 이해의 과제라는 입장에서 고유하게 체험된 정신적인 연관의 생생함이 도출되어 나올 경우, 우리는 그것 역시 자기 자신이 삶의 표현들의 주어진 총괄 개념으로 이행해가는 것이라고 말할 수 있다.

하지만 이러한 역지사지, 또는 전위(轉位)를 근거로 해서 이제 정신적 삶의 총체성이 이해 속에서 작동하게 되는 최고의 방식, 즉 모방Nachbilden 혹은 추체험(追體驗, Nacherleben)이 생겨난다. 이해는 그 자체로 작용 과정 자체와 반대되는 작용이다. 완전한 공동 생활이란 일어나는 일 자체의 연장선에서 이해가 진행된다는 사실과 결부되어 있다. 그것은 지속적으로 전진하면서 삶의 진행 과정 자체와 함께 앞으로 나아간다. 그래서 역지사지, 즉 전위의 과정은 확장된다. 추체험은 일어남[생기]의 연장선에서의 빚어냄이다. 그래서 우리는 시대사와 더불어, 먼 나라에서 일어난 사건과 더불어 또는 우리와 가까이 있는 사람의 정신 속에서 일어난 것과 더불어 앞으로 나아가는 것이다. 추체험은 그런 일어남[사건]이 시인이나 예술가 혹은 역사가의 의식을 통해 관통되고 마침내 하나의 작품으로 고정되어 우리 앞에 지속적으로 놓이게 됨으로써 완성된다.

그래서 서정시는 시구들이 이어지는 가운데 하나의 체험 연관에 대한 추체험을 가능하게 해준다. 그러나 그 연관은 시인이 시를 쓸 때 느꼈을 실제적인 그것이 아니라 그것을 근거로 시인이 어떤 이상적인 사람에게 말을 하는 것의 연관이다. 또, 하나의 연극에서 여러 장면들이 이어져 나오는 것은 등장인물들의 생애의 단편들에 대한 추체험을 가능하게 해준다. 역사적 진행을 뒤따르게 마련인, 소설가나 역사가의 설명은 우리 속에서 하나의 추체험을 불러일으킨다. 추체험의 승리는, 그 안에서 생애의 단편들이 채워지고 그 결과 우리가 하나의 연속성을 갖게 되었다고 믿는 데 있다.

자, 그러면 이런 추체험은 어디에 있는가? 여기서 우리의 관심을 끄는 것은 단지 그것의 기능이다. 왜냐하면 그것에 대한 심리학적 설명은 주어지지 않기 때문이다. 그래서 우리는 또, 설사 그것들의 연관과 공감이 추체험의 에너지를 강화시켜준다는 점이 명백하다 할지라도, 이 개념이 공감과 감정 이입에 대해 갖는 관계는 규명하지 않는다. 우리는 다만 정신적 세계를 우리 것으로 만드는 데 이 추체험이 갖는 의의 있는 기능만을 보고자 한다. 그 기능은 두 가지 계기에 근거를 두고 있다. 어떤 환경이나 외적인 상황의 모든 생동적인 현재화는 우리 안에서 추체험을 자극한다. 그리고 상상력은 우리의 고유한 삶의 연관에 포함된 태도의 방식들, 즉 여러 종류의 힘이나 감정, 노력, 이념 성향들을 강화하거나 회피할 수도 있고 일체의 낯선 정신적 체험들을 모방할 수도 있다. 무대는 스스로를 열어 보여준다. 리처드가 등장하면,

이제 한 감동적인 영혼은 리처드의 말과 표정, 동작을 따름으로써 진정 자신의 현실적인 삶의 모든 가능성 밖에 놓인 것을 추체험할 수 있다. 〔셰익스피어의 작품〕《뜻대로 하세요As You Like It》에서 상상력의 숲은 우리로 하여금 모든 이색적인 것들을 따라하고 싶은 기분에 젖어들게 만든다.

그런데 이런 추체험 속에는 우리가 역사가나 작가에게 감사하는 정신적인 것들의 획득의 중요한 부분이 들어 있다. 모든 사람에게 생애는 지속적인 결단을 수행한다. 그 생애에 놓여 있는 가능성들은 그런 결단에 의해 한계가 그려진다. 그 삶의 형태는 항상 모두에게 이후의 발전을 규정해준다. 간단히 말해 사람들은, 설사 자신들이 이제 자신들의 상황이나 자신들이 획득한 삶의 연관의 형태를 고찰한다 할지라도, 항상 삶이나 개인적인 현존의 내적인 변화들에 대한 새로운 전망의 범위가 제한된 것이라는 사실을 경험한다. 이해는 이제 그에게 자신의 현실적인 삶의 결정 속에 놓여 있지 않은 새로운 가능성들의 영역을 열어준다. 내 자신의 실존 속에서 종교적인 상태를 체험할 수 있는 가능성은 대부분의 현대인들에게서와 마찬가지로 나에게도 지극히 제한되어 있다. 그러나 나는 루터Martin Luther의 편지와 저작들, 그와 동시대인들의 기록들, 그의 공식적인 교제와 종교적인 대화나 공의회 활동 등을 두루 살펴봄으로써 솟구치는 힘, 또는 그 안에서는 삶과 죽음이 문제가 되는 에너지라는 하나의 종교적인 사건을 체험한다. 즉 그는 우리 시대의 한 인간이 체험할 수 없는 저편에 있는 것이다. 하지만 나는 그를 추체험할 수는 있다. 나는 나를 여러 가지 상황 속으로 옮겨놓는다. 그 상황 속에서 모든 것은 종교적인 정서 생활의 특별한 발전 쪽으로 밀어넣는다. 나는 수도원들에서 수도사들의 영혼에게 피안의 일들에 지속적으로 관심을 갖도록 하는 비가시적인 세계와 교섭하는 기법을 본다. 여기서 신학적인 논쟁들은 내적인 실존의 문제가 된다. 나는 수도원에서 형성되는 것이 설교, 고백 성사, 제단, 성경과 같은 수많은 경로들을 통해 어떻게 평신도의 세계로 확산되는지를 본다. 그리고 이제 나는 공의회와 종교 운동들이 어떻게 해서 비가시적인 교회와 보편적인 사제직 일반에 관한 교리로 확산되었는지, 또 그것들이 어떻게 세속적인 생활에서 개인의 해방과 연결되는지, 그리고 지하실의 고독 속에서 강인한 투쟁을 통해 얻어낸 것이 어떻게 교회에 대항하는지 등을 알아차린다. 가족 안에서의 생활 자체, 직업, 정치적 관계들을 형성하는 하나의 힘으로서의 기독교, 그것은 더욱 고차원적인 작업이 이루어지는 도시들에서, 한스 작스Hans Sachs[19]에게서, 뒤러Albrecht Dürer[20]에게서 그 시대정신이 마주치게 되는 하나의 새로운 힘이다.

루터가 이런 운동의 정점을 지나감으로써 우리는 보편적으로 인간적인 것에서 종교적인 영역으로, 그리고 그 영역에서 기독교의 역사적인 규정들을 통해 기독교의 개체적 특

성으로 밀고 가는 연관을 근거로 기독교의 발전을 체험한
다. 그래서 이런 과정은 우리에게 루터와 제1차 종교개혁 시
대에 살았던 동시대인들의 정신 속에 담긴 하나의 종교적인
세계를 열어 보여준다. 그리고 이 세계는 우리의 지평을 인
간 삶의 제반 가능성들로 확대시킨다. 오직 그렇게 함으로써
만 우리는 그런 가능성들에 접근할 수 있다. 그렇게 해서 내
적으로 규정된 인간은 상상력을 동원해 서로 다른 다양한 실
존들을 체험한다. 환경에 의해 제한된 것 앞에, 그로서는 도
저히 이를 수 없는 세상의 낯선 아름다움과 삶의 테두리들이
나타난다.

극히 일반화시켜서 말해보자. 삶의 현실성에 의해 연결되
고 규정되는 인간은 예술을 통해서뿐만 아니라 역사적인 것
에 대한 이해를 통해서도 자유롭게 대체된다. 그리고 역사의
이런 작용은 더욱 넓어진 역사 의식을 기반으로 확산되고 심
화된다.

(6) 해석

이해가 특별한 개인적 천재성에 바탕을 두고 있다는 사실
은 낯선 것과 지나간 것의 모방과 추체험에서 얼마나 분명
하게 드러나는가! 하지만 이해는 역사적인 학문의 토대로서
대단히 중대하고 지속적인 과제이기 때문에 개인적 천재성
은 하나의 기술(技術)이 되며 이런 기술은 역사 의식의 발전

과 더불어 발전하게 된다. 천재성은 지속적이고 고정된 삶의 표현들이 이해의 대상이 된다는 사실과 결부되어 있기 때문에, 이해의 대상은 반복해서 삶의 표현들로 되돌아올 수 있다. 지속적으로 고정된 삶의 표현들에 대한 기술적인 이해를 우리는 해석(解釋, Auslegung)이라고 부른다. 그리고 정신적 삶은 언어를 통해서만 자신의 완전하고 창조적이며 따라서 일정하게 객관적으로 파악하게 해주는 표현이 가능하기 때문에, 해석은 창작물〔작품〕속에 포함된 인간적 현존의 나머지 것들에 대한 세부적인 해석들을 통해 완성된다. 이런 기술이 문헌학의 토대이다. 그리고 이런 기술의 학문이 해석학(解釋學, Hermeneutik)이다.

우리에게 주어지는 나머지 것들에 대한 비판은 내적으로 그리고 필연적으로 그것들에 대한 해석과 결부된다. 그런 비판은 해석이 제공하는 여러 가지 난점들에서 생겨나며, 따라서 그것은 텍스트들의 정화, 즉 일부 서류, 작품, 전승물 등의 포기로 이어진다. 자연과학적 탐구가 실험들을 새롭게 세련시켜온 것처럼, 해석과 비판은 역사적인 진행 과정에서 자신의 과제를 해결하는 데 필요한 보조 수단들을 발전시켜왔다. 문헌학자와 역사가의 부류에서 다른 부류로 옮겨가는 것은 무엇보다도 위대한 대가들의 개인적인 접촉과 그들의 성취가 만들어내는 전통에 근거를 둔다. 학문들의 범위 안에서는 그 어느 것도 개인적으로 제약되지 않는 것처럼 보인다. 또 그 어느 것도 문헌학적 기법으로서 그런 개인들의 접촉과 연결되지 않는다. 이제 해석학이 문헌학적 기법을 규칙화했을 때, 그 일은 모든 영역들에서 규칙 부여를 위한 온갖 노력이 이루어지고 있던 역사적 단계의 의미에서 일어났다. 그리고 이런 해석학적 규칙 부여는 예술적 창조에 관한 이론들과 상응해서 이루어졌다. 왜냐하면 이 이론들은 해석학적 규칙 부여 또한 규칙으로 일어날 수 있는 하나의 만듦Machen으로 파악했기 때문이다.

그리하여 독일에서 역사적 의식을 향해 나아가던 위대한 시기에 이런 해석학적 규칙 부여가 프리드리히 슐레겔Friedrich von Schlegel, 슐라이어마허Friedrich Schleiermacher, 뵈크A. Boeckh에 의해 하나의 이상론으로 대체되었다. 이 이상론은 새롭고 좀 더 심오한 이해를 정신적인 창조에 관한 하나의 직관에 자리잡게 했다. 즉 그 이상론은 피히테를 가능하게 했고 또 슐레겔이 비판학이라는 자신의 기획을 세우는 데 밑거름이 되었다. 저자 자신이 스스로를 이해하는 것보다 그 저자를 훨씬 더 잘 이해할 수 있다는, 슐라이어마허의 대담한 명제는 창조에 관한 바로 이 새로운 통찰에 근거한 것이다. 이 패러독스 안에 하나의 심리학적 정초를 가능하게 해주는 진리가 들어 있다.

오늘날에 와서 해석학은 이제 정신과학이 새로운 의의 있는 과제임을 입증해주는 연관 속에서 등장한다. 해석학은 항상 역사에 대한 회의(懷疑)와 주관적 자의(恣意)에 빠지는 위험에 맞서 이해의 확실성을 방어한다. 그래서 우선 해석학이 비유적 해석과 투쟁했을 때, 그리고 해석학이 트리엔트 공의회(1545~1563)의 회의주의에 맞서 성서 자체로 성서의 이해 가능성을, 즉 위대한 프로테스탄트 교리를 정당화했을 때, 그리고 또 온갖 회의에 맞서 슐레겔, 슐라이어마허, 뵈크의 문헌학과 역사학의 미래 지향적인 전진을 이론적으로 정했을 때 등이 그런 경우다. 오늘날 해석학은 어떤 지식의 가능성을 역사적 세계의 연관에서 도출하고 그것의 실현을 위한 수단을 찾아내야 하는, 일반적인 인식론적 과제에 대한 어떤 관계를 모색해야 한다. 이해의 아주 근본적인 의미는 해명되었다. 그리고 이해의 논리적 형식과 관련해서는 앞으로 이해의 보편 타당성의 도달 가능한 정도를 규정하는 일이 시급하다.

우리는 정신과학적 진술의 현실 가치의 확정을 위한 출발점을 현실의 내면화, 지각화인 체험의 성격에서 찾았다.

이제 체험이 요소적인 사고 수행들에서 주목할 만한 의식으로 고양된다면, 이 의식은 체험 속에 포함된 관계들만을 주목한다. 논증적 사고는 체험 속에 포함된 것을 재현한다. 이해는 이제 일차적으로 이해로서 특징지어지는 모든 체험 속에 포함된 표현이, 거기에 표현된 것에 대해 갖는 관계에 근거를 둔다. 이런 관계는 여타의 다른 것들과 구별되는 그것만의 특성 속에서 체험될 수 있다. 그리고 우리는 이제 삶의 표현들에 대한 해석을 통해서만 체험이라는 좁은 영역을 넘어설 수 있기 때문에 정신과학의 구축을 위해서는 이해라는 핵심적인 기능이 우리에게서 나타나게 된다. 그렇지만 또 체험이 단순히 하나의 사고 기능 정도로 파악되어서는 안 된다는 것도 분명하다. 전위, 모방, 추체험, 이것들은 이 과정에서 영향을 미치게 되는 정신적 삶의 총체성을 암시한다. 그 안에서 정신적 삶은 체험 자체와 더불어 하나의 연관 속에 놓이게 된다. 그 체험은 어떤 주어진 상황에서 전체적인 정신적 현실성에 대한 내적인 파악에 지나지 않는다. 따라서 삶 자체가 그러한 것과 마찬가지로, 모든 이해 속에는 하나의 불합리가 있다. 그런 불합리는 논리적인 공식들로 표현될 수 없다. 그리고 그것은, 설사 이런 추체험에 놓여 있는 전적으로 주관적인 확실성이라 하더라도, 그 안에서 이해의 과정이 서술될 수 있는 〔논리적인〕 결론들의 인식 가치에 대한 그 어떤 검증에 의해서도 대체될 수 있다. 그것이 그 본성상 이해의 논리적인 고찰에 부여된 한계들이다.

이제 우리가 학문의 모든 부분에서 사고 법칙과 사고 형식들이 타당성을 갖고 또 방법에서도 현실에 대한 인식의 지위에 따라 계속해서 친연(親緣) 관계가 성립됨을 보게 될 경우, 우리는 이해와 더불어 자연과학적 방법들과는 그 어떤 종류의 유비 관계도 갖지 않는 절차 방식들에 들어서게 된다. 그렇다면 삶의 표현들이, 그 안에 표현된 것, 즉 내면적인 것에 대해 갖는 관계에 의거해보자.

우선 이해의 사고 절차에서 문법적이고 역사학적인 사전 작업을 분리해낸다. 왜냐하면 그런 사전 작업은 지나간 것, 공간적으로 멀리 떨어져 있거나 언어적으로 낯선 것과 대비해서, 고정적으로 주어지는 것에 대한 이해를 지향하는 것을 작가의 시간과 환경에서 독자의 입장으로 바꿔놓는 것에만 기여하기 때문이다.

이해의 요소적인 형태들에서는, 그에 상응하는 친연성을 보여주는 정신적인 것이 일련의 삶의 표출들로 표현되는 몇 가지 경우들에서 다음과 같은 사실, 즉 이런 관계가 조금은 더 친연적인 경우들에서도 일어난다는 사실이 도출된다. 단어나 동작 또는 외적인 행동의 그 같은 의의의 회귀에서 새로운 경우에서의 의의로 나아가는 것이다. 그러나 사람들은 곧 그러한 추론의 도식으로는 얻어낼 수 있는 것이 얼마 되지 않는다는 것을 알아차린다. 실제로도 우리가 앞서 보았던 것처럼, 우리를 위한 삶의 표출들은 동시에 하나의 일반적인 것의 표현들이다. 우리는 동작이나 행위의 유형 또는 단어 사용의 범위에 그것을 포섭함으로써 추론을 해나간다. 특수한 것에서 특수한 것으로의 추론에는 모든 경우에 재현되는 공통적인 것에 대한 관계가 현재화된다. 그리고 이런 관계는, 삶의 표출들이 바로 그것의 표현인 심리적인 것에 대해 일련의 개별적으로 관련 맺고 있는 삶의 표출들 간의 관계로부터 새로운 경우로 추론되지 않고, 서로 연결된 개별적인 사정들이 유비추리의 대상을 형성할 경우 더욱 분명해진다. 따라서 우리는 어떤 속성들이 서로 관련된 성격 속에서 규칙적으로 연결되어 있다는 것에서, 새로운 경우에 이런 결합의 존재에는 거기서도 아직 관찰되지 않은 특징이 빠질 리 없다는 추론을 해낸다. 우리는 이런 추론을 근거로 새롭게 발견되거나 연대기적으로 새롭게 규정되어야 하는 어떤 신비적인 문헌을, 특정 시기의 특정한 신비주의 그룹에 귀속시킨다. 하지만 이런 추론에는 항상, 그 같은 구조에서 그 개별적인 부분들이 서로 결합되는 방식을 개별적인 경우들에서 도출하고 나아가 새로운 경우를 더욱 심오하게 정초(定礎)하는 경향이 자리잡고 있다. 그래서 실제로 유비추리는 새로운 경우에 대한 적용을 포함하는 귀납추리로 변모한다. 이해가 진행되는 과정에서 이 두 가지 추론 방식을 구분하는 것은 단지 상대적인 타당성만을 갖는다. 그리고 언제 어디서건 추론된 새로운 경우에서 일정하게 구분이 지어진 정도의 기대를 가질 수 있는 권한이 생겨난다. 그 정도란 그 어떤 일반적인 규칙도 그것을 넘어서서 주어질 수 없으며 그것은 오직 전혀 다른 환경들을 통해서만 평가될 수 있다. 이런 평가를 위한 규칙들을 찾아내는 것이 바로 정신과학 논리의 과제이다.

그래서 여기에 근거를 두고 있는 이해의 진행 과정 자체는 귀납으로 파악될 수 있다. 그리고 이런 귀납은 불완전한 일련의 사례들에서 하나의 일반적인 법칙이 도출되는 것이 아니라 그것들로부터 하나의 구조, 질서 체계가 도출되는 부류에 속한다. 그리고 그런 구조나 체계는 각각의 경우들을 하나의 전체에 대한 부분들로 파악한다. 이런 방식의 귀납은 자연과학과 정신과학 모두에 공통된다. 이런 귀납을 통해 케플러는 화성의 타원궤도를 발견했다. 그리고 이제 여기에서 관찰과 숙고로 간단한 수학적 규칙성을 도출해내는 기하학적 직관이 발휘되듯이, 이해가 진행되는 과정에서의 모든 시도들도 단어를 그 의미와 또 어떤 전체의 개별적인 부분들의 의미를 그 구조와 연결시켜야 한다. 주어지는 것은 단어의 결과들이다. 이 모든 단어들은 규정적이면서 동시에 비규정적이다. 그 안에는 그것의 의의의 다양성이 포함되어 있다. 단어들 간의 구문적인 관계의 수단들은 일정한 한계 안에서 모호하다. 그래서 그 의미는 비규정적인 것이 구성을 통해 규정 으로써 생겨난다. 마찬가지로 일정한 한계 안에서 문장들로 구성되는 전체의 분절들의 결합 가치는 모호하며 전체에 의해 확정된다. 비규정적이면서 규정적인 개체들의 이런 규정함의 차원….

(7) 보론

ㄱ. 음악적 이해

체험 안에서 고유한 자기는 그것이 흘러 넘치는 형태로나 체험이 포괄하는 것의 깊이로도 파악될 수 없었다. 왜냐하면 의식된 삶의 작은 범위가 접근 불가능한 깊이에서 하나의 섬처럼 불쑥 솟아나기 때문이다. 하지만 그 표현은 이런 깊은 곳〔심연〕에서 나온다. 그 표현은 창조적이다. 그래서 우리는 이해를 통해 삶 자체에 접근할 수 있고, 또 창조의 모방을 통해 삶에 접근할 수 있다. 분명 우리는 우리 앞에 단 하나의 작품만을 갖고 있다. 그것이 지속성을 가지려면 공간 속의 일정 부분에, 즉 악보, 철자, 녹음으로 또는 근원적으로는 하나의 기억으로 고정되어야 한다. 하지만 이렇게 고정되는 것은 하나의 진행 과정, 즉 음악적이거나 시적인 체험연관의 이상적인 서술이다.

여기서 우리는 무엇을 인지하는가? 시간적으로 먼저 진행되는 하나의 전체의 부분들이다. 그러나 모든 부분들에서는 우리가 경향이라고 부르는 것이 작용하고 있다. 소리는 소리에 이어지고 그 다음에는 우리의 소리 체계의 법칙이 등장한다. 하지만 그 내부에는 무한한 가능성들이 놓여 있고 소리들은 그중 하나의 방향으로 나아가고, 앞의 소리는 뒤의 소리에 의해 제약당하게 된다. 멜로디의 상승하는 부분은 같은 시간에 평행으로 진행된다. 여기서는 앞부분이 뒷부분을 제약한다. 그러나 헨델의 작품에서 상승하는 멜로디 중 뒷부분에서는 동시에 첫 부분이 정초된 채 놓여 있다. 그리고 하강하는 선율은 종지부를 향해 달려가고 그 종지부에 의해 제약당하면서 다시 그것을 제약한다. 무궁무진한 가능성들이 놓여 있다. 이런 제약들 중 그 어디에도 필연성은 없다. 그것은 자유로운 합의나 협정처럼 달려가고 달려나오는 형태다. 왜 두 번째 부분이 이런 새로운 뉘앙스의 화음으로 첫 번째 부분을 따르거나 이런 변주로 바뀌게 되는가에 관해 우리가 무엇인가를 알고 있지 않을까 하는 생각은 결코 있을 수 없다. 그 안에서 그렇게 존재하지 않으면 안 된다는 것은 필연성이 아니라 하나의 미학적 가치의 실현이다. 또 어떤 특정한 위치에서 뒤따르는 것이 다른 방식으로 올 수 없는 것도 아니다. 여기서도 우리는 성찰이 아름답다거나 고상하다고 부르는, 창작 행위에 놓여 있는 하나의 경향을 보게 된다.

좀 더 살펴보자! 이해는 기억 속에서 이미 지나가버린 것이 다시 보존되고 이후 따라나오는 것에 대한 직관 속으로 들어간다는 사실에 바탕을 두고 있다.

음악에 대한 역사학적 연구의 목적은 작곡의 배후에 있는 것으로 여겨지는 [작곡가의] 영혼의 활동 과정, 즉 심리학적인 것을 찾아내는 데 있는 것이 아니라 대상적인 것, 즉 상상 속에서 등장하는 표현으로서의 소리연관이다. 따라서 그 과제는 개별적인 영향들을 위해 소리의 수단을 비교하면서 찾아내는 데 있다. 왜냐하면 그런 연구란 하나의 비교학이기 때문이다.

더 넓은 의미에서 보자면 음악도 하나의 체험의 표현이다. 여기서 체험이란 현재와 기억 속에 있는 개별적인 체험들의 결합 방식 전체이며, 체험이 역사적으로 전진하는 소리들의 세계 속에서 등장하는 상상 과정의 표현이다. 그 소리들에서 표현이 되는 모든 수단들은 전통의 역사적인 연속성 속에서 자기 자신과 연결된다. 그래서 이런 상상력의 창조에서는 체험에 대해 말하지 않는 그 어떤 리듬적인 형태나 멜로디도 존재하지 않는다. 또 모든 것은 단순한 표현 이상이다. 왜냐하면 소리의 아름다움과 그 의의에 대한 무한한 가능성을 가진 이런 음악적인 세계는 항상 현존하고 있고, 또 역사 속에서도 항상 전진하며 무한히 발전할 수 있어서 바로 그 세계 안에 음악가가 살고 있기 때문이다. 다시 말해 음악가는 자신의 감정 속에서 살고 있는 게 아니다.

또한 그 어떤 음악사도 체험이 어떻게 음악이 되는지에 대해서는 아무것도 이야기할 수 없다. 바로 이 점이 음악의 최고 기능이다. 즉 한 음악적인 영혼 속에서 어둡고 무규정적이며 때로는 자신조차 주목하지 못한 채 이루어지는 것에 대해 음악적인 형태로 전혀 의도하지 않았음에도 불구하고 음악은 구체적인 표현을 발견하는 것이다. 여기에는 체험과 음악의 그 어떤 이중성이나 이중적인 세계, 또는 하나의 세계에서 다른 세계로의 옮겨감 따위는 없다. 천재는 그 자체가 설사 혼자 존재한다 할지라도 소리의 영역에서의 삶이며, 이런 소리의 세계에서 일체의 운명과 번민을 망각하는 것이다. 따라서 이 모든 것은 그 안에 있다. 체험에서 음악에 이르는 정해진 길 또한 없다. 음악을 체험하는 사람, 즉 창작의 환희 속에서 기억된 것, 펄럭이는 그림들, 늘 지나가버리는 불특정의 소리들을 체험하는 사람은 자기 안에서 지각한다. 그는 리듬의 발견에서 출발할 수도 있고 화음의 연쇄에서 또는 다시 체험에서 출발할 수도 있다. 예술의 전체 세계에서 음악적인 창작은 기술적 규칙이라는 면에서 가장 엄격하면서 영혼의 감동이라는 면에서는 가장 자유롭다.

그러나 모든 창조적인 것의 자리는 이렇게 이쪽저쪽으로 떠돌아다니는 것에 있다. 그리고 동시에 그것은 소리의 연쇄나 리듬이 자기 자신 이외의 무엇인가를 뜻한다는 점에서, 결코 풀 수 없는 비밀은 아니다. 그것은 정신적인 상태들과, 상상력에 의한 그것들의 서술 사이에 놓인 심리적 관계가 아니다. 이것을 추구하는 사람은 오류에 빠진다. 오히려 그것은 객관적인 음악적 작품과 상상력의 산물로서의 그것의 부분들이, 모든 멜로디들에서까지 그것이 의미하는 바, 즉 그것이 청자(聽者)에게 이야기하는 영혼적인 것에 대해 갖는 하나의 관계이다. 이 영혼적인 것은 리듬, 멜로디, 화음 관계들과 영혼적인 것의 인상 사이의 관계에 따라 존재한다. 심리적인 것이 아니라 음악적인 관계들이 음악적인 천재, 작품, 이론 등의 연구 대상을 형성한다. 예술가의 길은 수없이 많다. 하나의 음악 작품이, 그것이 청자에게 표현하고 그로부터 그것에 대해 말하게 하는 바에 대해 맺는 관계는 정해져 있고 파악 가능하며 서술할 수도 있다. 우리는 지휘자나 연주하는 예술가들을 통해 어떤 음악 작품의 해석에 관해 이야기한다. 해석이란 하나의 음악 작품에 대한 모든 관계이다. 그것의 객체는 하나의 대상적인 것이다. 예술가 안에서 심리적으로 작용하고 있는 것은 음악에서 체험으로 또는 체험에서 음악으로 가는 것이거나 이 두 가지가 교대로 진행되는 것일 수도 있다. 그리고 영혼의 저변에 자리잡고 있는 것은 반드시 필요한 것이 아니며 예술가 자신에게도 체험할 수 없는 것이 될 수 있다. 그것은 영혼이나 정신의 어둠 속에서 전혀 주목받지 못한 채 활동하고 있으며, 작품 속에서 비로소 이런 심연 속에 있는 역동적인 관계가 스스로를 드러낸다. 이런 작품을 통해 우리는 드디어 그것을 해독해낼 수 있다. 예술가의 마음속에서 작용했던 것이 바로 음악의 가치이며 음악은 우리에게 그것을 대상화시켜 보여주는 하나의 표현이다. 이처럼 질, 시간 경과, 운동 형태, 내용적인 결합 등의 한 묶음은 음악 작품에서 분석되고 리듬, 소리의 연쇄, 화음의 관계,

울림의 아름다움과 표현의 관계가 명확하게 의식된다.

가장 중요한 것은 음악의 역사 속에서 발전되고 또 어린 시절의 음악가에 의해 받아들여지는, 자신의 표현 가능성과 아름다움의 가능성들을 가진 소리의 세계다. 그 세계는 그 안에 이미 있었던 것과 운명, 슬픔, 행복 등이 무엇보다 멜로디의 형태로 예술가 앞에 현존하고 있음을 표출하기 위해 모든 것을 바꾸면서 항상 현존하고 있으며, 또 영혼의 저 깊은 곳에서 벗어나와 들어가게 되는 것, 그것과 마주친다. 여기에서 기억은 다시 의의를 갖도록 해주는 것으로서 타당성을 갖게 된다. 삶의 무게는 상상력을 자유롭게 날아다니게 하기에는 너무나 강력하다. 하지만 지나간 것의 반향, 지나간 것에 대한 꿈은 정신과 교양을 방해하는 짐으로서의 지상 생활이라는 관점에서 보면 공허한 재료다. 가벼운 형태의 음악들도 그런 지상 생활에서 비롯된다.

삶의 측면들은 목소리의 시작, 올라감과 내려감의 형식으로서, 그리고 단절이 없고 화음 속에 자리하는 영혼적 삶의 심층 차원으로서 리듬, 멜로디, 화음 등으로 표현된다.

기존 음악사의 기반들은 하나의 음악적인 의의론(意義論)에 의해 보완되지 않으면 안 될 것이다. 그 의의론은 음악학의 다른 이론적 부분들을, 창작이나 예술가의 삶으로 거슬러 올라가는 것 또는 음악학과의 발전과 연결지어주는 중간 고리다. 양자간의 관계 체계는 음악적 상상력의 내밀한 비밀의 자리인 것이다.

예를 들어보자. (모차르트의 오페라) 〈돈 조반니Don Giovanni〉의 제1막 끝 장면에서는 리듬들이 서로 다른 속도에 의해서뿐만 아니라 서로 다른 척도에 의해 울린다. 그 결과, 춤추고 싶은 욕구 등과 같은 인간 삶의 전혀 상이한 부분들이 하나로 합쳐져 세계의 다양성이 표현된다. 바로 이것이, 서로 동시에 서로 다른 사람들이나 합창단과 같은 음악적인 주체들에게 영향을 줄 수 있는 가능성에 바탕을 두는 음악의 작용이다. 반면에 시는 대화 등과 결합된다. 말하자면 음악의 형이상학적 성격은 거기에 있는 것이다. 이번에는 모든 측면에서 단순한 소리의 연쇄가 올라가면서 여러 가지로 반복되는 헨델의 아리아를 예로 들어보자. 이렇게 해서 기억 속에서는 조망 가능한 전체가 생겨난다. 이런 식의 팽창은 힘의 표현이다. 하지만 그 팽창은 결국 기억이 그 단순함으로 인해 시간적인 연쇄를 하나로 묶는다는 사실에 기인한다. 민요에서 유래한 찬송가의 경우를 보자. 간단하면서 감정의 진행 과정을 대단히 결정적으로 표현하고 있는 노래의 연관이 새로운 조건들 속에서 등장한다. 균형 잡히고 느린 음정의 진행, 오르간의 기본음에 의해 이루어지는 화음의 연쇄 등은 이제 감정 변화 속에서 그런 변화를 뛰어넘어 있는 대상에 대한 관계를 출현시킨다. 말하자면 그것은 종교적인 교섭이자 시간 속에서 초감각적인 것과 맺는 관계인 동시에 이런 방식으로 표현된 무한한 것에 대해 유한자가 맺는 관계이다. 자, 이번에는 바흐의 칸타타에서 두려움에 떨고 있는 영혼이 구세주와 나누는 대화를 살펴보자. 거기서 불안정하고 급하고 높고 강한 장식음은 하나의 정신적인 유형이다. 반면에 깊고 조용하고 다수가 함께 놓여 있는 음들은 매우 느슨한 방식으로 구세주의 정신적 유형을 나타낸다. 여기서 어느 누구도 그 의의들에 의심할 수 없다.

음악적인 의의는 두 개의 서로 대립적인 방향으로 발전한다. 여기서 시적인 어순에 대한 표현으로서, 단어를 통해 대상적으로 확정되는 것의 해석을 지향하고 있는 특정한 대상과 더불어 〔발전한다〕. 악기 음악에서는 그 어떤 일정한 대상도 없고 무한한, 즉 무규정적인 대상만이 있다. 그러나 이는 단지 삶 자체에만 주어진다. 그래서 기악은 삶 자체를 그 최고의 형태로 삼는다. 바흐와 같은 음악 천재는 자연에서의 모든 울림, 모든 동작이나 몸짓, 무규정적인 잡음으로도 그에 상응하는 음악적인 형상들을 빚어낸다. 그것들은 일반적으로 삶에 대해 이야기하는 특성을 갖는다. 여기서 우리는 표제 음악은 진정한 기악의 죽음이라는 사실을 알게 된다.

ㄴ. 체험과 이해

이런 서술에서 다음과 같은 결론이 나온다. 추론적인 기능들에 있어 해명, 모방, 재현 등과 같은 다양한 방식들의 파악이 합쳐져서 체험의 파악과 활용을 지향하는 하나의 방법을 형성한다는 것이다. 체험은 더는 그 근거를 파헤칠 수 없고 또 그 배후에는 더 이상의 사고가 올 수 없으므로, 인식 자체는 단지 체험에서만 나타나고 체험에 관한 의식은 언제나 이런 체험과 함께 더 심화되므로, 이 과제는 항상 추가적인 학문적 성취들을 요구한다는 의미에서가 아니라 그 본성상 해결할 수 없다는 의미에서 무한하다. 하지만 만일 그 과제가 체험을 방법으로 전제한다면, 이제 이해는 하나의 근원적인 과제를 떠맡는다. 내적으로 서로 얽혀 있는 논리적인 과정의 두 측면들이 그 방법을 형성한다.

ㄷ. 이해의 방법

하루하루 살아가는 사람에게 지나간 것들은 점점 멀어질수록 그만큼 낯설어지고 무관해진다. 그 나머지 것들은 우리와의 연관이 상실된 채로 우리에게 주어진다. 여기서 이해의 절차는 중요해진다. 이것은 연구자라면 삶 자체에서 늘 해왔던 일이다.

① 이런 절차의 서술. 우리 자체에 관한 경험: 그러나 우리는 우리 자신을 이해하지 못한다. 우리 자신에게 있어서는 모든 것이 자명하지만 다른 한편 우리는 우리에 대한 아무런 척도도 갖고 있지 않다. 우리가 우리 자신의 척도로 재는 것

만이 일정한 차원들과 한계들을 포함한다. 자아는 다른 자아를 척도로 삼을 수 있는가? 그렇다면 우리는 낯선 것을 어떻게 이해하는가?

누군가가 재능을 더 많이 갖고 있을수록, 그에게는 그만큼 더 많은 가능성들이 주어진다. 그런 가능성들은 그의 생애에서 타당성을 가지고 현재는 그의 기억 속에 존재한다. 수명이 늘어날수록 그 가능성들은 그만큼 범위가 넓어진다. 고대에 대한 모든 이해, 이해의 천재.

② 이해의 형식: 우리에게 부분적으로 규정되어 있는 개별적인 것들에서 전체를 규정하는 연관을 도출해내는 귀납법.

ㄹ. 해석학

삶의 표현들이 우리에게 전혀 낯선 것이라면 해석은 불가능할 것이다. 또 그것들 안에 낯선 것이 하나도 없다면 해석은 불필요할 것이다. 따라서 해석은 극단적으로 대립되는 이 두 명제 사이에 존재한다. 해석은 이해의 기술을 필요로 하는 어떤 낯선 것이 있는 곳이라면 어디서건 요구된다.

그 어떤 외적인 실제 목적 없이 그 자체에서 추동되는 해석은 이미 대화에서 드러난다. 모든 의미 있는 대화는 이야기하는 사람의 표현들이, 그의 말에서는 외적으로 주어지지 않는 하나의 내적 연관을 가질 것을 요구한다. 그리고 우리가 대화 상대를 점점 잘 알게 될수록 그의 대화 참여에 숨겨져 있는 향후 과정은 그 근거들을 탐색하게끔 더욱 자극할 것이다. 그리고 플라톤의 대화들에 대한 유명한 해석은 그처럼 언표된 말에 대한 해석에서의 사전 연습이 문헌들의 해석에 대해 어떤 가치를 갖는지를 강조한다. 바로 이 지점에서 말의 해석은 논쟁의 대상이 된다. 그 말은 어떤 대화 참여자가 자신의 관심사로부터 대상을 파악하게 되는 관점이 논쟁의 맥락에서 이해될 때 비로소 이해된다.

저술가나 작가의 생각은 해석학적 기술에 의해 발견될 수 있다는 볼프의 주장은 텍스트 비평과 언어적인 이해에서 충족될 수 없다. 그러나 사고의 연관, 암시들의 특성은 개별적인 결합 방식의 파악에 좌우된다. 그에 대한 고려는 슐라이어마허가 해석학에 일차적으로 도입했던 계기다.

그러나 그런 고려는 예언적인 능력과 관계 있는 것이며 논증적인 확실성과는 전혀 관계가 없다.

문법적인 해석은 단어들을 규정하게 해주는 비교 작업에 지속적으로 기여한다. 그런 해석은 언어상으로 동일한 것과 함께 작용한다. 심리적 해석은 개인의 예언적 능력을, 작품을 그의 장르 속에 자리매김하는 일과 지속적으로 연관지어야 한다. 하지만 여기서 중요한 사안은, 한 작가가 이런 장르의 발전에서 어떤 자리를 차지하느냐이다. 이런 발전이 하나의 교육에 속하는 한, 그는 그 장르에서의 자신의 개체성으로부터 함께 그런 발전을 이뤄내는 것이다. 그는 더욱 거대한 개인적 힘을 요구한다. 하지만 그가, 자신의 장르를 완성시키는 작품에 뛰어듦으로써 유〔장르〕는 그에게 전진할 것을 요구한다.

예언 능력과 비교는 시간상 무차별적으로 서로 관련되어 있다. 우리는 개인적인 것과 관련해 하나의 비교 절차를 결코 포기할 수 없다.

ㅁ. 이해의 한계

이해의 한계들은 주어짐의 방식에서도 찾을 수 있다. 하나의 시는 하나의 내적인 연관을 형성한다. 하지만 우리는 그런 연관 자체가 시간적인 것이 아님에도 시간 속에서 이루어지는 읽기나 듣기의 시(時) 계열 속에서만 파악할 수 있다. 내가 희곡 한 편을 읽는다면, 그것은 삶 자체와 더불어 있는 것과 같다. 나는 앞으로 나아가고 지나간 것들〔과거의 일〕은 그 명료함과 확실함을 상실한다. 그래서 그 장면들은 어둠 속에 빠져든다. 주 명제는, 나는 그런 연관을 확보함으로써만 그런 장면들에 대한 하나의 통일적인 조망을 얻게 된다는 것이다. 내가 이렇게 해서 얻는 것은 다만 기본 뼈대뿐이다. 나는 기억 속에서 그것을 떠올림으로써만 전체에 대한 직관에 가까이 간다. 그리하여 모든 연관의 계기들도 시야에 들어오게 된다. 따라서 이해는 고도의 긴장을 필요로 하는 지적인 과정이 된다. 그리고 그 과정은 결코 완전하게 실현될 수는 없다.

삶이라는 것이 그저 스쳐 지나가는 것이라면, 삶에 대한 기억 외에는 아무것도 남지 않는다. 그리고 이런 기억은 또 개인들의 앞으로의 삶과 연결되면서 날아가버리고….

과거가 남기는 이런 잔영들에 대한 파악이 결국은 이해다. 이해의 종류들만이 다를 뿐이다. 미규정적이면서 동시에 규정적인 부분들에 대한 파악에서 출발해 전체의 의미를 파악하려는 시도로 나아가고 또 그 과정에서 이런 의미에서부터 부분들을 더욱 구체적으로 규정하려는 시도가 교대로 나타나는 식의 진행 과정은 모든 이해에서 늘 공통적이다. 개개의 부분들이 원하는 방향으로 이해되지 않으면 그 이해는 실패한 것이다. 그리고 이는 부분들에 대한 적절한 규정이 이루어질 수 있도록 〔전체의〕 의미에 대해 다시 새로운 규정을 하게끔 만든다. 그리고 이런 작업은 삶의 표현들에 담긴 전체적인 의미가 만들어질 때까지 계속 이어진다. 이해의 가장 고유한 본성은 자연〔과학적〕 인식에서 흔히 작동하는 것과 같은, 외적인 실재로서의 상(像)이 근저에 놓여 있지 않다는 것에 있다. 자연 인식에서는 그런 상이 확고하고, 직관에 등장하는 크기로서 근저에 놓이게 된다. 이런 상들에서, 그런 상들의 변화를 설명 가능한 것으로 만드는 지속적인 것으로서의 대상이 구성되는 것이다.

내적인 것에 대한 외적인 것, 부분들에 대한 전체 등의 관계를 통한 이해의 작용들의 상호 관계. 규정적인 것-비규정적인 것, 규정의 시도, 끝없는 현상들, 부분과 전체의 교체.

3. 삶의 범주들

(1) 삶

나는 인간 세계를 들여다본다. 거기에 시인들이 들어선다. 인간 세계는 시인들의 고유한 대상이다. 그 세계 안에서 시인이 표현하는 사건들이 일어난다. 시인이 사건에 유의의성(有意義性, Bedeutsamkeit)[21]을 부여할 때 동원하는 특징들이 그에게 나타나는 것도 그 세계에서다. 그래서 나는, 마치 삶 자체처럼 우리를 감동시키고 영혼을 확장, 고양시켜주는 새로운 실재성을 삶에 대해 부여하는 시인의 엄청난 수수께끼는 이런 인간 세계와 그것의 근본적인 특성들이 시와 맺고 있는 관계들이 해명될 때 풀릴 수 있다고 본다. 그래서 시의 역사를 역사적 과학으로 끌어올릴 수 있는 이론도 성립될 수 있는 것이다.

삶Leben이란 외부 세계라는 조건에서 이루어지는 사람들 간의 상호작용들의 연관이다. 또 삶은, 이런 연관이 서로 다른 시간과 장소에서 독립된 채로 파악된다. 나는 정신과학에서의 삶이라는 표현을 인간 세계에 한정해서 사용한다. 즉 여기서의 삶이라는 표현은 사용되는 영역을 통해 규정되며 그 어떤 오해도 있어서는 안 된다. 삶은 그것의 통일성의 상호작용에 존재한다. 우리의 시야에서는 시간 속에서 시작되고 끝나는 심신의 경과가, 우리 내부의 관찰자에게는 그런 경과가 일어나고 있는 현상적인 신체의 자기성을 통해 그 자신과 동일한 것을 만들어내기 때문이다. 그러나 동시에 이 경과는, 의식 속에 있는 그것의 모든 부분들이 그렇게 경과하는 것의 연속성, 연관, 자기성에 대한 자기만의 특징적인 체험을 통해 다른 부분들과 결합되어 있다는 주목할 만한 사태에 의해 특징지어진다. 정신과학에서 상호작용이라는 표현은 인과성의 한 측면이라고 할 수 있는, 자연에 의거한 사고를 통해 확정할 수 있는 그런 관계가 아니다. 자연에 의거해 확정되는 인과성은 항상 그 안에 '원인은 결과를 충족시킨다causa aequat effectum'를 포함한다. 그 표현은 오히려 하나의 체험을 특징짓는다. 체험은 그 표현에서 자극과 저항, 압력, 고무되는 것에 대한 지각이나 다른 사람들에 대한 즐거움의 지각 등의 관계를 통해 특징지을 수 있다. 여기서 자극은 당연히 심리학적으로 설명하는 이론에서 본 자발성이나 인과성의 힘이 아니라 단지 삶의 통일성에 근거를 둔, 체험 가능한 사태를 특징짓는 것이다. 그리고 우리는 그런 사태에 따라 외적인 효과를 노리는 운동 과정들을 상술하겠다는 의도를 경험한다. 이렇게 해서 서로 다른 사람들 간의 상호작용이라고 일반적으로 표현되는 체험들이 생겨난다.

삶이란 이제 그 안에서 이런 상호작용들이 인과성의 법칙을 따르고 또 신체에서의 심리적인 경과의 영역도 함께 포괄하는 자연 대상들의 연관이라는 조건 하에 놓여 있는 연관이다. 이 삶은 언제 어디서건 공간적·시간적으로 규정되고 있다. 말하자면 삶의 통일성들의 활동이 이루어지는 시공간적인 질서에서의 국지화(局地化, Lokalisierung)[22]이다. 하지만 우리가, 인간 세계 영역의 언제 어디서나 일어나고, 그러한 것으로서 공간적이고 시간적으로 규정되는 사건을 가능하게 해주는 것을, 사건의 추상화를 통해서가 아니라 항상 어디서나 똑같은 성질을 갖고 있는 이런 전체에서 공간적·시간적으로 분화되어 있는 것으로 이끌어가는 하나의 직관을 통해 끄집어내 부각시킨다면, 삶에서 나타나는 모든 개개의 형태와 체계들을 위한 기반, 즉 우리의 체험, 이해, 표현과 그것들의 비교 고찰을 위한 기반을 포함하고 있는 삶의 개념이 생겨난다.

이제 이런 삶에서 그것의 일반 성질이 우리를 놀라게 한다. 다만 우리는 여기서 그 성질을 자연에서 경험하는 것이 아니고, 그렇다고 우리가 살아 있다고 일컫거나 유기체적 생명체라 부르는 자연 대상들에서 경험하는 것도 아니다.

(2) 체험

I

삶이란 바로 다음에 오는 시간의 충족이다. 삶의 전체적인 특성, 삶 안에서는 모든 것이 부질없다는 것, 그리고 그것은 동시에 하나의 연관을 이루며 그 안에 (자기라는) 통일성을 갖는다는 것은 시간을 통해 규정된다.

시간 안에서 삶은 하나의 전체에 대한 부분들의 관계, 즉 자기 자신과의 관계를 맺고 있다.

또한 시간에는 이해 과정에서 추체험되는 것이 주어진다.

삶과 추체험된 것은 이제 전체에 대한 부분이라는 특별한 관계를 갖는다. 그것은 전체에 대한 부분들의 의의(意義) 관계다. 기억에서 가장 명확한 부분이다. 우리의 총체성이 자기 자신이나 다른 자아들과 관계 맺고 있는 모든 삶의 관계에서는 부분들이 전체에 대해 하나의 유의의성을 갖는다는 사실이 반복된다. 나는 풍경을 보고 그것을 파악한다. 여기서는 우선 이것이 삶의 관계가 아니라 단순한 파악의 관계일 것이라는 가정이 배제되어야 한다. 따라서 우리는 풍경과 관련되는 순간 그렇게 현전(現前)하는 체험을 그림 혹은 상이라고 불러서는 안 된다. 나는 '인상(印象, Impression)'이라는 표현을 선택하고자 한다. 근본적으로 나에게 주어진 것은 이 같은 인상들뿐이다. 인상에서 분리된 자기란 없으며 또한 어떤 것을 인상이게끔 해주는 것도 없다. 그것은 다만 내가 추후에 구성할 뿐이다.

ㄱ. 논평

그렇지만 나는 의의란 파악하는 주체의 총체성과 연관되어 있다는 점을 확인해두고 싶다. 내가 그 표현을 일반화해서 그것이 부분과 전체 사이에 있는 주관에게 의식되는 모든 관계와 동일하다면, 그래서 사고 과정의 대상이나 대상적 사유 또는 목적 설정에서의 부분들의 관계가 파악되고 또한 개별적인 상들을 구성하는 보편적인 표상이 파악된다면, 의의란 하나의 전체에 속한다는 것 외에 아무것도 아니다. 그리고 유기적인 것이건 정신적인 것이건 간에 하나의 전체가 실재성을 가질 수 있는 것처럼, 이런 전체 속에서 삶의 수수께끼가 풀리게 된다.

II

현재란 심리적 견지에서 보자면 우리가 그것의 지속을 하나의 통일체로 파악하는 시간 경과다. 우리는 그것의 연속성으로 인해 우리가 구별할 수 없는 것을 현재의 성격을 가지고 포괄한다. 그것은 체험 가능한 하나의 삶의 순간이다. 나아가 우리는 하나의 구조연관 속에서 연결되어 있는 것을, 만일 그것이 체험 속에서도 시간의 부분들에 따라 구별된다면, 기억 속에서 하나의 체험으로 파악한다.

체험 명제: 우리 앞에 현존하는 모든 것은 단지 현재 속에 주어진 것으로만 있는 것이다. 설사 하나의 체험이 지나가버린다 해도, 그것은 현재의 체험 속에 주어진 것으로서 우리 앞에 현존한다. 의식에 대한 명제의 관계: 명제가 훨씬 더 보편적이고 (훨씬 더 충만하다). 왜냐하면 명제는 비현실적인 것까지 포괄하기 때문이다.

또 다른 특징: 체험은 질적인 존재=실재성이다. 이 실재성은 내적인 지각에 의해 정의될 수 없고 오히려 서로 구분해서 소유되지 않는 것 안에까지 뻗쳐 있다. (참고: 그런데 '소유되다besessen wird'라는 말이 성립하는가?) 외적인 것 또는 외부 세계에 대한 체험은 아직 파악되지는 않았지만 단지 열어 보일 수 있는 것과 비슷한 방식으로 나에게 현존한다. (나는 말한다: 나의 체험은 두드러지지 않는 것도 포함하며 나는 그것을 해명할 수 있다.)

사태: (가장 넓은 의미에서) 나의 직관이 파악하는 것에서 하나의 부분이 유의의성을 통해 초점에 도달해서 의식 속으로 들어온다. 그리고 그것은 의식 속에 들어오지 못한 정신적인 사건들과 구별된다. 이것이 바로 '나Ich'라고 부르는 것이며, 그것은 이중적인 관계를 갖게 된다: 나는 존재한다 그

리고 나는 (나를) 갖고 있다.

다음 논증: 체험은 실재성으로서 삶의 구조연관을 동시에 포함한다. 현재 등에서부터 뻗어나오는 시간적·공간적인 국지화. 그에 따라 거기에 포함된 목적 설정이 향후에도 영향을 미치는 구조연관이 국지화 속에 들어 있다.

체험들이 기억될 경우, 어떻게 그 안에 현재에 대한 향후의 지속적 영향이 포함되는지의 방식은 전부 다 지나가버린 체험들과 (역동적으로) 구별된다. 첫 번째 경우에서는 감정 그 자체가 반복해서 출현하고 다른 경우에서는 그것이 감정 등에 관한 표상이다. 그리고 그것은 감정들에 관한 이런 표상들에 관한 하나의 감정으로부터 현재에 존재한다.

체험하는 것과 체험된 것은 다른 것에 의해 분리되지 않는다. 그것은 똑같은 것에 대한 표현의 사용들이다.

체험과의 구별: 통각(統覺)에는 판단이 주어진다: 나는 슬프다, 나는 죽음에 대한 지각이나 보고를 갖고 있다. 주어진 실재성을 표현하는 진술의 이중적인 방향이 거기에 포함되어 있다.

(3) 이해 속에서 파악된 지속

우리는 자신만의 체험을 지향하는 내관(內觀)으로는 심리적 진행의 전진적인 움직임을 파악할 수 없다. 왜냐하면 어떤 것을 고정시키려는 모든 활동은 일단 정지하게 되고 고정된 것에 일정한 지속을 부여하기 때문이다. 하지만 여기서도 체험, 표현, 이해의 관계는 해결을 가능하게 한다. 우리는 행동의 표현을 파악하고 그것을 추체험한다.

시간의 떠밈은 점점 더 많은 과거를 뒤로 보내고 미래를 향해 앞으로 나아가게 한다. 정신적인 사건이 단순한 어떤 것의 일어남인가 아니면 활동인가라는 중요한 문제는 이제, 우리가 파악되는 것 자체에서의 방향이 표현되는 지점에서 그런 경과의 표현을 추구할 경우 해결된다. 시간에서의 떠밈과 과거의 심리적인 추가만으로는 충분하지 않다. 나는 시간 속에서 진행되고 외부에 의해 파괴되지 않는 표현을 찾아야 한다. 그런 것이 기악이다. 기악이 생겨나듯이 창작자가 시간 속에서 그것의 연관을 하나의 그림에서 다른 그림으로 조망하는 경과가 있다. 거기에는 하나의 방향, 실현을 위해 자신을 내미는 행위, 심리적인 활동 자체의 내밈, 과거에 의해 제약당함 그리고 다양한 가능성들의 지속 , 동시에 창조이기도 한 해설 등이 있다.

(4) 의의

시간에 의해 제약되는 삶의 새로운 특징이 이제 드러난다. 그러나 새로운 것으로서 그것은 기간을 뛰어넘는다. 삶은 본성상 자연의 인식에 사용되는 것과는 서로 다른 범주들에 의해 이해된다. 여기서도 결정적인 계기는 이런 범주들이 선천적으로 그것에 낯선 것으로서의 삶에 적용되는 것이 아니라 그것들이 삶의 본질 자체에 있다는 점에 놓여 있다. 거기에서 추상적인 표현으로 이어지는 태도는 삶에 대한 이해의 배타적인 공략 지점이다. 왜냐하면 삶 자체는 단지 부분들에 대한 전체라는 한정된 방식의 관계들에서만 존재하기 때문이다. 그리고 만일 우리가 이제 이런 관계들을 범주들로서 추상적으로 끌어올리게 되면, 이런 절차 자체에는 이런 범주들의 수가 제한될 수 없으며 그것의 관계가 하나의 논리적 형식만으로는 사용될 수 없다는 사실이 놓이게 된다. 의의, 가치, 목적, 발전, 이상 등이 그런 범주들이다. 하지만 여기에는, 생애의 연관이 오로지 전체에 대한 이해와 관련해서 삶의 개별적인 부분들의 의의라는 범주를 통해서만 파악될 수 있다는 사실과, 인류의 삶에 있어서 모든 단면들은 그렇게 해서만 이해될 수 있다는 사실이 들어 있다. 그리고 다른 모든 것들은 이 두 가지 사실에 의존한다. 의의는 그 아래서 삶이 파악되는 포괄적인 범주다.

우리가 자연 인식에서 구성하는 대상들에게 가변성은 그 자체의 규정에 따라 인식되는 삶 못지않게 고유하다. 하지만 삶에 있어서만은 현재가, 기억 속에서의 과거에 관한 표상과 그 가능성들을 향해 나아가는 상상력과 이런 가능성들 하에서 목적을 설정하는 활동 속에서의 미래에 관한 표상을 포괄한다. 그래서 현재는 과거에 의해 충족되고 자기 안에 미래를 담고 있다. 이것이 정신과학에서 쓰는 '발전(發展, Entwicklung)'이라는 말의 의미이다. 그것은 우리가 개인이나 국가 또는 인류의 삶과 관련해 자기를 실현하는 목적이라는 개념을 삶에서 사용할 수 있다는 것을 뜻하는 것이 아니다. 이는 대상 저편에 있는 고찰 방식일 것이다. 이런 방식은 거부될 수도 있다. 이 개념은 다만 삶에 들어 있는 관계를 특징 짓는다. 이런 발전의 개념과 더불어 형상(形象, Gestaltung)의 개념도 함께 주어진다. 형상이란 삶의 일반적인 속성이다. 삶을 깊이 들여다보면, 가장 빈곤한 영혼에게도 형상이 있음을 알게 된다. 우리는 위대한 인물들이 역사적 운명을 갖고 있는 경우 그 형상을 가장 명확하게 본다. 그러나 그 어떤 삶도 생애에서 아무런 형상도 갖지 못할 만큼 그렇게 초라하지는 않다. 구조와 여기에 근거를 두고 획득된 정신적 삶의 연관이 삶의 항상성──변화하는 것들과 무상함은 이 항상성을 근거로 나타난다──을 형성하는 곳에서는 시간 속에 있는 삶의 진행이 주어진 관계들에 따라 형상화된다. 하지만 이 개념은 단지 우리가 삶을 의의라는 범주에서 파악하기 때문에 나타날 수 있을 뿐이다.

의의의 범주는 삶의 본질에 바탕을 두고 있는, 전체에 대한 삶의 부분들의 관계를 말한다. 우리는 지나간 생애를 조망할 수 있게 해주는 기억을 매개로 해서만 이런 연관을 갖는다. 거기에서 의의는 삶의 파악의 형식으로서 타당성을 갖게 된다. 우리는 과거의 한순간의 의의를 파악한다. 그 순간은 그 안에서 행위나 외적인 사건을 통해 미래에 대한 하나의 결합이 이루어지는 한에서만 유의의하다. 또는 미래의 살아갈 계획이 파악되는 한에서만, 혹은 그것의 실현을 위한 계획이 수반되는 한에서만 그러하다. 또는 공동체에 대한 개인의 개입이 이루어지는 한에서만 그 계획은 전체의 삶에 유의의하다. 왜냐하면 그렇게 함으로써만 개인의 가장 고유한 본질이 인류의 형상에 관여하기 때문이다. 이것들뿐만 아니라 다른 모든 경우에서 개별적인 순간은 그것이 전체와 맺는 연관을 통해, 그리고 과거와 미래의 관계나 개별적인 현존재와 인류의 관계를 통해 의의를 갖는다. 하지만 그렇다면 삶 내부에서 전체에 대한 부분의 이런 관계 가운데 고유한 방식은 어디에 있는가?

그것은 결코 완전하게 수행되지 못하는 하나의 관계다. 우리는 생애의 끝을 기다려야 하고 죽음의 순간에야 전체를 조망할 수 있을 것이다. 그리고 그 전체로부터 생애의 부분들의 관계를 확정지을 수 있을 것이다. 또 우리는 역사의 의의를 규정하기 위해 완전한 자료를 확보하려면 역사의 끝을 기다려야 할 것이다. 다른 한편 전체가 부분들로부터 이해되는 한, 그것은 단지 우리에게만 존재한다. 이해는 항상 두 가지 고찰 방식 사이를 왔다 갔다 한다. 삶의 의의에 대한 우리의 파악은 지속적으로 바뀐다. 모든 삶의 계획은 삶의 의의에 대한 파악의 표현이다. 우리가 우리의 미래를 목적으로 설정하는 것은 지나간 것의 의의를 규정하는 것을 제약한다. 실현되는 삶의 형상은 기억된 것의 의의에 대한 평가를 통해 하나의 척도를 획득한다.

단어들이 뭔가를 지시하는 의의를 갖게 되거나 문장들이 우리가 구성하는 의미를 가지듯이, 삶의 부분들의 규정적이면서 동시에 미규정적인 의의에서 삶의 연관은 구성될 수 있다.

의의란 삶 안에서 그 부분들이 전체에 대해 갖는, 특별한 종류의 관계다. 이런 의의를 우리는, 한 문장에서 단어들의 의의가 그러하듯이, 기억들과 미래의 가능성들을 통해 인식한다. 의의 관계들의 본질은, 시간 진행 속에서 환경의 조건들에 있는 삶의 구조를 근거로 한 생애의 형상을 포함하고 있는 관계들에 놓여 있다.

그러면 이제 하나의 생애를 고찰함에 있어, 삶을 이해하게 해주는 전체에 대한 〔삶의〕 부분들의 관계를 서로 연결지어주는 연관을 구성하는 것은 무엇인가? 체험은 그 부분들이 하나의 공통적인 의의를 통해 결합된 하나의 통일성이다. 이야기꾼은 하나의 진행 과정 중에서 의의 있는 계기들을 끄집어냄으로써 이야기의 효과를 발휘한다. 역사가는 인간을 의의 있다고, 삶의 전환들을 유의의하다고 묘사한다. 한 작품이나 한 인간이 전반적인 운명에 미치는 일정한 영향 속에서 역사가는 그 작품이나 인간의 의의를 인식한다. 한 생애의 부분들은 그것의 전체에 대해 일정한 의의를 갖는다. 즉 의의의 범주는 분명 이해에 각별히 가까운 연관을 갖고 있다. 우리는 이제 이를 파악하려고 애써야 한다.

모든 삶의 표출은, 하나의 기호로서 뭔가를 표현하는 한, 그리고 하나의 표현으로서 삶에 속하는 어떤 것을 지시할 때 의의를 갖는다. 삶 자체는 다른 어떤 것도 뜻하지 않는다. 거기에는 삶이 삶 자체 외의 어떤 것을 뜻한다는 것의 근거로 삼을 수 있는 어떤 분리나 선별도 들어 있지 않다.

이제 우리가 개념들을 통해 삶에서 어떤 것을 끄집어내 부각시킬 경우, 이런 개념들은 우선 삶의 단수성을 서술하는 데 기여한다. 따라서 이런 일반적인 개념들은 삶에 대한 이해를 표현해준다. 그래서 여기에는 단지 전제와, 전제에서 그 전제에 연결되어 있는 것으로의 전진 사이의 자유로운 관계만이 있다. 새로운 것은 전제에서 공식에 따라 생겨나는 것이 아니다. 오히려 하나의 파악된 특징에 대한 이해는 계속해서 그 특징에서부터 이해될 수 있는 하나의 새로운 것으로 나아간다. 추후 증명이나 추체험의 가능성에는 내적인 관계가 주어져 있다. 이해가 단어와 그 의미들의 영역을 떠나, 기호의 의미가 아니라 삶의 표출의 상당히 심오한 의미를 찾으려고 하자마자 그것은 일반적인 방법이 된다. 그것은 피히테가 처음으로 주목했던 방법이다. 삶이란 하나의 멜로디와 같다. 왜냐하면 멜로디에서는 실재하는 것의 표현으로서의 소리들이 삶에 거주하는 실재성들에게서는 등장하지 않기 때문이다. 바로 삶 자체 안에 멜로디가 놓여 있다.

ㄱ. 의의가 등장하는 가장 간단한 경우는 한 문장을 이해할 때다. 개개의 단어들은 각자 하나의 의의를 갖고 있고, 그 의의들이 결합해서 한 문장의 의미를 도출해낸다. 따라서 각 단어들의 의의에서 문장의 이해가 생겨나게 되는 것이 그 절차이다. 게다가 전체와 부분 사이에는 하나의 상호작용이 이루어지고 있다. 그리고 부분들에 의거해서 의미의 무규정성들, 즉 의미의 가능성들과 개별적인 단어들이 '규정된다.'

ㄴ. 동일한 관계가 생애의 부분들과 전체 사이에도 있다. 그리고 여기서도 전체, 즉 삶의 의미에 대한 이해는 의의로부터….

ㄷ. 의의와 의미의 이런 관계는 따라서 생애와 관련된다. 생애를 형성하는 개개의 사건들은 의미 세계에서처럼 나타나고, 한 문장의 단어들처럼 자신들이 뜻하는 것에 대해 하나의 관계를 갖는다. 모든 개개의 체험들은 이런 관계를 통

해 전체에서 의의 충만하게 결합된다. 그리고 이런 체험들의 연관은 문장의 단어들이 그것들에 대한 이해와 연결되듯이 생애의 의의를 빚어낸다. 마찬가지로 그것은 역사와도 관계를 갖는다.

ㄹ. 따라서 의의라는 이 개념은 이해의 절차와 관련해서만 번성했다. 그 개념은 단지 외적인 것, 명백한 것이 내적인 것——이것의 표현이 바로 외적인 것이다——에 대해 갖는 관계만을 포함한다. 그런데 그 관계는 문법적인 관계와는 본질적으로 구별된다. 삶의 부분들에서 나타나는 내적인 것의 표현은 문자 등과는 다른 것이다.

ㅁ. 따라서 의의, 이해, 생애의 의미, 또는 역사 등과 같은 단어들은 그런 지시나 사건들이 내적인 연관——이를 통해 사건들은 이해된다——에 대해 갖는 이 같은 이해 속에 포함된 관계 외에는 아무것도 우리에게 말해주지 않는다.

ㅂ. 우리가 찾고 있는 것은 삶 자체에 고유한 연관의 방식이다. 그리고 우리는 삶의 개별적인 사건들에서 그 방식을 찾아'낸다.' 그 연관을 위해 유용할 수 있어야 하는 모든 사건들에는 삶의 의의에 관한 뭔가가 포함되어 있어야 한다. 그

렇지 않으면 삶의 의의는 삶의 연관으로부터 생겨날 수 없다. 말하자면 자연과학이 그 일반적인 도식론을 개념들——이것에 의해 물리적 세계에서 지배적인 인과성이 서술되고 또 이를 인식할 수 있는 절차에서의 고유한 방법론이 서술된다——에서 갖듯이, 여기서 우리에게는 삶의 범주들, 범주들이 서로 맺는 관계들, 범주의 도식론, 범주들을 파악하는 방법 등으로 들어가는 입구가 열린다. 그러나 거기서 우리는 그것을, 그것의 논리적 본성에 따라 완벽하게 투명한 하나의 추상적인 연관과 관련짓는다. 여기서 우리는 삶 자체의 연관을 이해해야 한다. [자연과학적] 인식은 결코 그 연관에 접근할 수 없다.

우리는 지속적인 접근 속에서만 삶을 이해한다. 더욱이 삶이 그 시간 진행이 파악되는 다양한 관점들에 따라 우리에게 전혀 판이한 측면들을 보여준다는 사실은 이해의 본성'과' 삶의 본성 속에 놓여 있다. 의의의 범주는 (우리가 기억을 할 때) 기억 속에서 우선적으로 나타난다. 모든 현재는 실재성으로 충만해 있다. 그러나 우리는 이런 현재에 대해 긍정적이거나 부정적인 가치를 부여한다. 그리고 우리가 미래를 향해 쭉 뻗어나갈 때 삶의 목적, 이상, 형상 등의 범주들이 생겨난다. 이제, 삶의 최상의 목적은 실현된다는 삶의 비밀은 모든 개개의 목적들에 포섭된다. 삶은 최고선을 현실화한다. 삶은 이상적인 것들에 의해 규정되어야 한다. 삶은 하나의 형상을 실현한다. 이런 개념들은 모두 자신의 관점에서 전체적인 삶을 포괄한다. 그래서 범주들은 그로 인해 삶이 이해되는 범주의 성격을 갖는다. 따라서 이 가운데 그 어떤 것도 다른 범주 밑에 포섭될 수 없다. 왜냐하면 각각의 범주들은 모두 다 또 다른 관점에서 삶의 전체를 이해하기 때문이다. 따라서 그것들을 서로 비교한다는 것은 불가능하다. 그럼에도 불구하고 이제 우리는 하나의 구별을 시도해야 한다. 체험된 현재의 고유한 가치들은 서로 구별되면서 병립적으로 존재한다. 그것들은 단지 비교만 할 수 있을 뿐이다. 이런 가치 관점에서 삶은 부정적이건 긍정적이건 실존 가치, 고유 가치들의 무한한 충족으로 우리 앞에 주어진다. 그것은 완전히 화음과 불협화음의 혼돈이다. 하지만 이런 불협화음들은 화음에서는 해소되지 않는다. 현재를 충만하게 하고 있는 그 어떤 음상(音像)도 그 전의 음상이나 그 뒤의 음상과 음악적인 관계를 맺고 있지 않다. 고유한 가치들과 작용 가치들의 관계도 인과 관계만을 가질 뿐이다. 그 관계의 기계적인 성격이 삶의 깊이에까지는 이르지 못하기 때문이다.

삶을 미래의 관점에서 파악하는 범주들은 가치의 범주들을 전제한다. 그 범주들은 미래 속으로 전진해가는 가능성 속에서 와해되어버린다.

삶 속에 포함된 연관은 인생살이의 의의가 삶 전체에 대한 이해와 그 의미에 대해 맺는 관계 속에서만 적절하게 서술될 수 있다. 이런 영역에서만 단순한 병립 관계와 종속 관계가 범주 자체에서 극복될 수 있다. 그래서 가치와 목적의 범주적인 행동들은 삶의 이해의 총체 연관 속에서 삶의 이해의 개별적인 측면들로 받아들여진다.

(5) 의의와 구조

ㄱ. 구체적인 현실 속에서 체험의 연관은 의의의 범주에 놓여 있다. 이것은 체험된 것 또는 추체험된 것의 진행 경과를 기억 속에서 하나로 묶어내는 단위다. 그리고 그것의 의의는 체험의 저편에 놓여 있는 단일 지점에 있는 게 아니라 그것의 연관으로서 체험 안에 구성적으로 포함되어 있다.

따라서 이 연관은 모든 체험 가능한 것의 본성 속에 포함된, 그것에 고유한 관계 방식 또는 범주다.

개인, 나, 또 다른 나, 또는 민족이 살아낸 삶의 의의가 어디에 있는가 하는 것은 그저 그런 의의가 존재한다는 사실만으로 명확하게 규정되지 않는다. 그런 의의가 발생한다는 사실은 기억하는 사람에게는 체험 가능한 것의 관계로서 항상 확실하다. 한 삶의 마지막 순간에 와서야 그 의의에 대한 어렴풋한 추산이 이루어지고, 따라서 그런 추산은 삶의 마지막에 이르러서 어느 한순간 혹은 이런 삶을 추체험하는 사람에게서 이루어질 수 있다.

루터의 삶은 새로운 종교성을 파악하고 관철해나감에 있어서 모든 구체적인 사건들의 연관으로서 그 의의를 갖는다. 그래서 이 의의는 앞뒤로 일어난 구체적인 것의 포괄적인 연관에서의 한 단면을 형성한다. 여기서 의의는 역사적으로 파악된다. 하지만 우리는 삶의 긍정적인 가치들에서도 그런 의의를 추구할 수 있다. 그래서 그 의의는 주관적인 감정과도 관련을 맺게 된다.

ㄴ. 여기서 이제 의의는 하나의 삶에서 가치들 또는 그것의 연관과도 같은 것이 아니라는 사실이 드러난다.

ㄷ. 의의는 더 이상 분리할 수 없는 삶의 연관을 가리키는 범주지만, 구조의 범주는 그 안에 살아 있는 것이 어디에서 반복되는지에 대한 분석으로 성립된다. 이런 의미에서 분석이란 이 반복에 포함되어 있는 것을 추구한다. 그 분석은 이러한 포함 외에 다른 것을 찾지 않는다. 포함되어 있는 것은 별도로 선정된 것이며, 그 개념은 그것이 포함되어 있는 삶의 연관에 대한 의식이 항상 그것과 연결될 때에만 타당성을 갖는다.

이런 분화는 어디까지 진행될 수 있는가? 심리학의 스콜라주의라 할 수 있는 브렌타노 학파[23]는 자연과학적이면서 원자론적인 심리학의 길을 따랐다. 왜냐하면 그런 심리학은,

심리학이 삶을 구성하려고 하는 태도 방식, 대상, 내용 등과 같은 추상적인 실재들을 만들어내기 때문이다. 이런 점에서 가장 뛰어난 인물이 후설Edmund Husserl이다.

이에 대립되는 것: 삶 전체. 구조: 이 전체의 연관은 외부 세계에 대한 현실적인 관련들을 통해 제한된다. 태도 방식은 단지 그런 관련일 뿐. 감정이나 의지는 그에 상응하는 삶의 부분을 추후 구성하는 지시 개념들일 뿐이다.

(6) 의의, 유의의성, 가치

ㄱ. 해석에서 삶과 관계되고 또 그 표현들에 의한 전체적인 객관화 속에서 스스로를 확장시켜가는, 객관적 세계의 모든 조각들은 각각 자신들의 부분들을 갖고 있는 하나의 전체이자 그 자체가 전체의 한 부분이다. 그 조각들은 어디서나 부분들로 나누어지고 그래서 다시 더욱 큰 현실연관에 속하기 때문이다. 그래서 이 현실연관은 이런 이중적인 관계에서 좀 더 큰 전체의 일부로서 의의를 갖게 된다. 이것이 바로 삶이 모든 체험된 것과 추체험된 것에 함께 부여하는 표지다. 체험에는, 입장을 취하는 것, 즉 경제적인 실존이나 우정, 비가시적인 세계처럼 그 안에서 개별적인 삶의 관계로 나타나는 것에 대한 하나의 태도가 들어 있기 때문이다. 그것은 이런 태도, 이런 내적인 입장에 의해 제약되는 하나의 작용연

관이다. 삶에는 이런저런 관계들이 들어 있다. 그리고 그 관계들은 뭔가에 대한 관계인데 삶은 그 뭔가에 대해 입장을 취한다. 그것들은 바로 낯섦, 하나의 삶의 관계에서 물러섬, 골라냄, 사랑, 자기 자신에게 침잠하는 것, 하나의 방향으로 동경하는 것, 대립, 어떤 것이 있었으면 하고 바라는 욕구, 요청, 존경, 외모, 무형성, 객관성과 삶의 모순, 객관적인 것에 대한 삶의 무력감, 의지, 지속되는 객관화 속에서 참을 수 없는 것을 극복하는 것 등이다. 이렇게 해서 삶은 다시 이상, 기억, 분리, 결합 등과 같은 자기 자신의 향유에 이르게 된다.

삶의 연관 자체에는 유한성에 대한 고통, 유한성을 넘어서려는 경향, 실현과 객관화를 향한 분투, 현존하는 한계와 그 지양의 통합, 분리와 결합 등이 있다.

삶에서 나온 술어 중에는 불행, 가난, 삶의 아름다움, 자유, 삶의 방식, 연관, 발전, 내적 논리, 내적인 변증법 등이 있다.

이런저런 입장의 대립들, 초월과 내재, 화해.

ㄴ. 이렇게 생겨나는 관련들을 통해 삶의 개별적인 부분들의 유의의성이 확정된다. 유의의성이란 작용연관을 기반으로 생겨나는, 하나의 전체에 대한 한 부분의 의의의 규정성이다. 유의의성은 삶의 부분의 한 관계로서 작용연관에 대한 삶의 태도들에서 나타난다. 그리고 나아가 그것을 영향력 행사의 체험으로 파악하고 그 부분을 영향력 행사와는 독립된

질서와 연결짓는다. 영향력 행사는 삶에서 등장하는 모든 것을 구성한다. 이것은 단지 파악하는 것을 위해 영향력이 발휘된 것만을 포함한다. 왜냐하면 자기의 작용은 미지의 것이기 때문이다. 하지만 태도나 입장은 삶을 통해 그 작용 방식이 정해지는 심오한 것이다. 위에서 발전시킨 모든 개념들은 삶에 포함된 삶의 개념들이다. 그 개념들은 모든 삶의 단위에서 모든 시기에 하나의 새로운 연관을 갖는다. 개념들은 삶에 현존하는 모든 것에 자신의 색깔을 전달한다. 넓고 멀고 높고 낮은 식의 공간적인 관계들은 그 태도에서 나오는 추가 사항들을 갖고 있다. 마찬가지로 시간의 경우에도….

ㄷ. 이런 관계들에 따라 이제 인간학적 고찰, 예술, 역사와 철학에서 항상 삶에 포함된 것만을 의식의 경지로 끌어올리는 연관이 등장한다.

그 첫 번째가 인간학적 고찰이다. 그것의 연관은 격정이나 열정 등과 같은 작용연관들에 바탕을 둔다. 인간학은 그런 연관들의 유형론의 초안을 만들고 삶의 전체에서 연관들의 유의의성을 이야기한다.

하나의 삶의 고찰이 낯선 사람들과 협력함으로써 고유한 자기의 체험과 이해, 다른 사람들에 대한 이해, 인간 인식 등과 같은 일반화가 이루어진다. 그런 일반화를 통해 가치, 의의, 새로운 방식의 삶의 목적 등이 표현된다. 그것들은 삶 자체와 보편사적 서술과 같은 예술 사이에 놓여 있는 고유한 층을 형성한다. 그것은 거의 한계를 알 수 없는 범위의 문학이다. 여기서 이제, 역사적인 범주들은 그 안에서 어떻게 이해를 매개하는가라는 질문이 제기된다.

만일 우리가 인간의 연구를 오늘날 형성된 심리학이라는 학문에 한정할 경우 인간에 대한 역사적 연구는 이에 해당하지 않는다. 우리는 완전히 다른 측면들에서 이런 연구로 들어가는 입구를 찾으려 했다. 그러나 이런 영역에서의 가장 큰 대립은 내가 앞서 내용-심리학이라고 불렀던 적이 있는 것, 사람들이 구체심리학 또는 인간학이라고 부르는 것 그리고 본래적인 의미에서의 심리학 사이에 있다. 이 인간학은 인간의 의의와 가치에 아주 근접해서 질문을 던진다. 왜냐하면 인간학은 구체적인 삶 자체에 매우 가까이 있기 때문이다. 그래서 생애들이 삶의 유의의성을 일정한 유형 아래 실현하려고 하는, 그런 일정한 유형이나 단계들을 생애들에서 구별하려는 시도들.

신플라톤적인 유형, 중세의 신비적인 유형, 스피노자에게 있어서 여러 단계들.

이런 도식 속에서 삶의 의의의 현실화가 일어난다.

시는 그 기반에서부터 삶의 작용연관, 사건〔일어남〕을 갖고 있다. 모든 시는 어떤 식으로든 체험된 또는 이해하려는 사건과 연관을 갖고 있다. 시는 이제, 사건의 부분들을 자유로운 그림의 특징에 따라 상상 속에서 유의의성으로 고양함으로써 사건을 형성한다. 삶의 태도에 대해 말해진 모든 것이 시를 구성하고, 이 시는 이제 삶 자체에 대한 이런 관계를 강력하게 표현한다. 이를 통해 모든 사물은 삶의 태도에 대한 관계를 통해 거기서 나오는 채색을 갖게 된다. 예를 들어, 넓다, 높다, 멀다 등 말이다. 과거, 현재는 단순한 현실의 규정이 아니라 시인이 자신의 추체험을 통해 삶에 대한 관련을 다시 만들어낸 것이다. 이런 관련은 지적인 발전과 실제적인 이해 관계의 진행 과정 속에서 뒤로 물러서 있었다.

ㄹ. 사실을 전체에서 나온 의의의 부분에 대한 규정성으로 받아들이는 유의의성은 삶의 관련이지, 그 어떤 지적 관계, 즉 이성의 투입이나 일어난 사건의 부분에 담긴 사고의 투입이 아니다. 유의의성은 삶 자체에서 나온다. 우리가 한 삶의 전체의 의미——이 의미는 부분들의 의의에서 생겨난다——를 연관이라 부른다면, 시적인 작품은 의의연관의 자유로운 창작을 통해 삶의 의미를 말한다. 일어난 일은 삶의 상징이 된다.

인간학적 고찰에서 보자면 모든 것이 계몽이고 삶 자체의 해설이며 따라서 시이다. 삶의 저 깊은 곳에 담겨 있어 관찰이나 이성적 판단이 불가능한 것이 그것들에서 나온다. 그래서 시적이라고 할 때 영감의 인상이 생겨나게 된다.

시의 한계는 삶을 이해하는 방법이 거기에 전혀 없다는 것이다. 삶의 현상들은 하나의 연관으로 정리되지 않는다. 시의 강점은 일어난 일이 삶에 직접적인 관련을 갖는다는 데 있다. 그리고 그것은 일어난 일을 통해 삶의 직접적인 표현이 된다. 그리고 자유로운 창작. 이것은 거기서 본 유의의성을 사건들 자체에서 직관으로 표현한다.

시간 경과 속에서 삶의 객관화로서, 그리고 시간과 영향력 행사의 관계에 따른 삶의 구축으로서 파악된 삶의 제국이 역사다. 역사는 결코 완성될 수 없는 하나의 전체다. 역사가는 자료 속에 담겨 있는 것, 과거에 일어났던 일 등에서 경과, 즉 작용연관을 만들어낸다. 그리고 그는 이런 경과의 현실을 의식 수준까지 끌어올리는 일과 관계한다.

따라서 여기서 부분의 의의는 그것이 전체에 대해 맺는 관계에 의해 규정된다. 하지만 이 전체는 이런 관계에서 이해된, 삶의 객관화로 간주된다.

(7) 가치들
가치들의 넓은 영역은 우리의 정신적 삶의 사실로 확장된다. 그 사실 자체는 고유한 삶이, 가치 규정에서 자신의 성격을 표현하는 대상들에 대해 갖는 하나의 관계를 특징짓는다. 따라서 가치란 일차적으로 대상적 사유에 기여하려는 차원에서 이루어진 개념 형성의 산물이 아니다. 가치는 이런 산물이 태도를 표상하는 한편, 대상적인 관계 속에 얽혀들어가는 한에서만 그런 산물이 될 수 있다. 마찬가지로 그것은 가치들의 평가와 결부된다. 이는 결국 대상적인 파악에서 독립된 태도로 속하게 된다. 이런 의미에서 '가치 감정'이라는 표현의 해석은 바뀌어야 한다. 가치란 주어진 태도에 대한 추상적인 표현이다. 그것은 이제 가치들을 심리학적으로 도출해내는 규칙 속에 있다. 이는 심리학에서 나온 연역의 일반적인 절차에 상응한다. 하지만 이런 방법은 미심쩍은 구석이 많다. 왜냐하면 가치로서 타당한 것이 무엇인지, 가치들 간에 어떤 도출 관계들이 정해지는가 하는 것이 심리학적 출발점에 의존하고 있기 때문이다. 그리고 또 제약적인 가치들에 무제약적인 가치들을 맞세우는 초월론적인 도출이 소홀하게 다루어지고 있다. 그 절차는 여기서도 뒤집어진 것이다. 중요한 것은 모든 가치 부여가 담겨 있는 표현에서 출발하는 것이며, 그 모든 것을 장악하는 것이다. 이렇게 해서 우리는 비로소 일어나고 있는 절차 자체에 대해 물음을 던질 수 있다.

삶 자체에서는 바뀌어가는 그림들처럼 긍정적이고 부정적

인 태도, 욕망, 즐거움, 찬성, 만족 등이 불현듯 나타난다. 지속적으로 구성되는 대상들은 감정 속에서 그렇게 생겨나는 기억의 내용들의 담지자이며 그것들은 이제 감정 상태의 다양한 가능성들을 표상한다. 사고는 감정을 받아들일 수 있는 그 같은 가능성들의 총체를 대상 자체에서 분리해서 이것과 관계를 맺어준다. 이렇게 해서 가치의 직관과 개념이 성립된다. 그래서 가치는, 항상 그 자체가 수용 가능한 주관에 대해 이러한 특수한 관계를 갖고 있기 때문에, 그리고 이런 관계는 대상의 현실성을 만들어주는 속성들과 분리되어 있기 때문에 속성과는 구별되는 독특한 지위를 갖는다. 삶 자체와 더불어 감정을 수용할 수 있는 대상의 다양한 가능성들이 생겨난다. 이런 형태의 기억은 현재적인 수용성을 점점 더 많이 초과하게 된다. 그래서 가치는 점점 더 독자적으로 감정의 일시적인 등장과 사라짐에서 분리된다.

이 개념은 계속 살아남는 대상들에서는 이미 지나간 가능성들의 단순한 총괄만을 스스로 내포할 수도 있다. 그리고 무엇보다도 의지가 하나의 목적 규정을 위한 가치를 평가하는 실제적인 관계에서 드디어 가치들을 서로 비교하는 평가가 나온다. 그런 평가를 통해 가치는 미래에 대한 하나의 관계, 즉 선이나 목적으로서 하나의 관계를 획득한다. 이렇게 해서 가치는 새로운 개념적 자립성을 얻는다. 가치의 계기들은 하나의 전체적 평가, 분절된 형상들과 연결된다. 또한 의

지에 대한 관계를 떼놓고 보면 그것들은 이 새로운 자립성 속에서 존속한다. 이것이 가치 개념의 점진적 발전을 위한 체험의 업적이다. 다시 말하자면, 중요한 것은 시간적 단계에서가 아니라 분석적 절차에서 성취의 취사 선택이다.

'나' 자체를 성찰, 심화하는 가운데 또 하나의 가능성, 즉 '나' 자신이 대상이 되고 또 가능성들의 담지자로서 자기 자신을 향유하고 다른 '나'들에게 향유의 대상을 줄 수 있는 가능성이 생겨난다. 후자의 관계에서 '나'는 향유될 가능성이 있는 대상들과만 관련을 맺는다. 그렇지만 그런 대상들이 그것들의 본질과 성취를 향유한다는 것은 아니다. 그러나 이제 다양하게 감정을 수용할 수 있는 본질 그 자체가 대상이 되는 곳에서, 한 사람의 자기 가치라는 전적으로 고유한 개념이 성립한다. 이런 개념을 통해 이 사람은 우리에게 그런 향유가 전혀 알려져 있지 않은 모든 것과 구별된다. 이런 의미에서 르네상스기는, 그 안에서 사물, 향유, 가치, 완전성이 하나로 통합되어 있던 단자라는 개념을 만들었다. 그리고 라이프니츠는 이 개념과 자신이 갖고 있던 강렬한 감정으로 독일 철학과 문학을 충만하게 만들었다.

이해는 가치 개념의 발전에서 또 다른 방식의 기능을 수행한다. 여기서 일차적이고, 또 자신만의 삶에서 경험하는 것은 이런 개인이 우리 자신을 수용하는 힘이다. 그리고 이제 이해가 이런 낯선 개인을 추후 구성하듯이, 다시 한번 가치의 직관과 개념이 감정의 애착에서 분리된다. 이것들이 이제 단순히 추후 형성되는 것은 아니기 때문에, 그것들은 낯선 주관과 관계를 맺게 된다. 그래서 이로부터 감정을 느낄 수 있는 가능성과, 이런 가능성들 속에서 살아가고 있는 주관의 자기 감정 사이의 관계가 훨씬 더 명료하게 파악되는 결과가 나온다. 그 사람의 고유한 가치는 이제 전적으로 외적인 대상성에서 나타나고, 더욱 평온한 객관성 속에서 그 사람을 둘러싸고 있는 세계에 대해 그가 맺고 있는 모든 관계 속에서 드러난다. 아직도 하나의 장벽이 남아 있는데, 그것은 역사적 거리를 지양하는 일이다. 그것은 우리 자신과의 비교, 자만심, 질투, 시기, 그런 이해 속에서 낯선 힘으로부터 받는 고통 등과 뒤섞여 있다. 그리고 평가의 과거에 대한 조망을 제공하는 척도가 결여되어 있다.

가치란 개념을 통한 대상적인 표시다. 그 안에서 삶은 소멸해버린다. 하지만 그 때문에 가치는 삶에 대해 맺고 있는 관계를 상실하지는 않는다.

그런데 가치의 개념이 형성되자마자 그것은 삶에 대한 관련성으로 인해 하나의 힘이 되어버린다. 왜냐하면 가치는 삶 속에 갈기갈기 찢겨 있고 어둠 속에 가려져 있으며 흘러가버리는 것을 함께 붙들어주기 때문이다. 이제 역사에서의 가치들, 즉 세계관들이 문서 기록들에 나타난 삶의 표현들로 간주된다면 그것들은 여기서 삶과의 관계에 대한 추체험을 통해 그 안에 포함되어 있었던 것을 다시 포함하게 된다.

(8) 전체와 그 부분들

시간 속에서 진행되고 있는 삶이나 공간적으로 서로 구별되는 삶은 이제 그 부분들에 대한 전체의 관계에 의거해서 범주적으로 분류된다. 시간의 흐름 속에서 그리고 동시성 속에서 삶의 실현으로서의 역사는 범주적으로 보자면 전체에 대한 부분들의 이런 관계 속에서 더욱 세부적인 분류라 할 수 있다. 이는 여러 대상들이 하나의 방에 같이 들어 있는 상태에서 그 방에 들어오는 사람에 의해 파악되는 방식과는 다른 것이다. 그 대상들은 그것들이 속한 어떤 인물과 삶에 관련해서만 공속성을 갖기 때문이다. 그렇지 않다면 그것들은 얼마든지 뿔뿔이 흩어질 수 있다. 그것들끼리는 아무런 관계도 맺고 있지 않다. 그것은 역사 속에서 진행되는 것과는 얼마나 다른가! 또 자연과학적 견지에서 보자면 모든 형태는 운동된 질량의 무차별적인 결과, 운동과 질량, 그리고 법칙에 따른 그것들의 관계를 시간에 예속시키지 않는다. 이에 반해 삶은 모든 형태에서 전체에 대한 부분으로서 내적인 관계를 가지며 따라서 이 형태는 결코 무차별적이지 않다.

이런 귀속성은 완전히 다른 삶의 관계들에서 전혀 다르게 나타난다.

(9) 발전, 본질 그리고 그 밖의 범주들

여기서 두 개의 새로운 범주들이 생겨난다. 삶과 생애는 연관이다. 삶은 내가 획득된 정신연관이라고 부르는 낡은 체험들을 기반으로 새로운 체험들을 지속적으로 획득함으로써 형성된다. 이런 과정의 본성은 변화하는 가운데 연관의 지속과 연속성을 가져온다. 나는 이처럼 모든 정신적인 삶에서 입증할 수 있는 사태를 본질Wesen이라는 범주로 특징짓는다. 그러나 본질은 다른 측면에서는 지속적인 변화를 갖고 있다. 바로 여기에 이미, 통일적인 삶의 연관에 외부의 영향들을 가하는 변화가 동시에 이런 영향들 자체를 통해 규정된다는 사실이 포함되어 있다. 그래서 모든 생애의 성격이 생겨난다. 이 점을 아무런 선입견 없이 그대로 파악하는 일이 중요하다. 우리는 단계적으로 전진하는 발전에 관한 정리(定理)들이 잘 진행되도록 해야 한다.

도처에서 나타나는 진행 경과는 어떤 것인가? 개별적인 실존과 그 상태의 규정성은 그것의 한계를 둘러싼다. 공간적 한계와의 구별. 정신적인 것에서 이런 개념의 본성. 개별 실존은 개체성이다. 이런 한계를 정함으로써 그에 대한 고통과 동시에 그것을 극복하려는 노력이 생겨난다. 그것은 유한성의 비극이면서 그것을 넘어서려는 개별 실존의 원동력이다. 이런 한계 설정은 외부에서 주관에 가하는 세계의 압력으로 드러난다. 그런 압력은 관계들의 힘과 감정의 본성에서 나오는 힘에의 의지, 내적인 한계들에서 나오는 내적인 자유에의 의지를 생산한다. 그러나 모든 것은 개별적 실존과 거기서 도출되는 획득된 연관의 지속의 규정성에서 생겨나는 내적인 힘과 내적인 한계들에 의해 한데 연결된다. 따라서 모든 것들에서 동일한 본질이 진행 과정에 의해 강화될 수 있으며 그 결과 전진에 제동을 건다. 하지만 대부분의 경우 여기에서도 유한성의 본성은 새로운 삶의 처지, 즉 사람들에 대한 또 다른 관계들의 압력을 극복하는 데 영향을 준다. 그리고 이제 모든 새로운 상태는 그 같은 유한한 성격을 담고 있기 때문에 거기에서도 똑같이 제약성으로부터 영향을 받는다. 모든 것들에는 가능성들의 한계 설정과, 또 가능성들 사이에서 선택의 자유가 존재하게 된다. 이리하여 앞으로 나아갈 수 있고 자기 실존의 새로운 가능성들을 실현할 수 있는 멋진 감정을 갖게 된다. 나는 이처럼 쉼 없는 전진을 변화로 규정하는, 생애에서 내적으로 규정된 연관을 발전이라고 부른다.

이 개념은 점점 더 높은 단계를 향해 나아가는 사변적인 환상과는 완전히 구분된다. 오히려 그것은 그 자체가 주관 안에서의 명료성, 거리두기 등의 증가다. 하지만 생애는 더욱 고차적인 의의의 실현 없이도 식물적인 성장, 탄생에서 죽음 사이의 오르내림 등과 같은 자연적 지반과 연결된 채 진행될 수 있다. 그것이 물론 저차원의 삶이기는 하겠지만 말이다. 인간의 생애는 일찌감치 하강 국면에 접어들 수도 있고, 아니면 죽을 때까지도 상승할 수 있다.

4. 전기

(1) 전기의 학문적 성격

전기의 학문적 성격에 대해 역사학자들의 견해는 서로 갈린다. 전기가 역사학의 일부로 자리매김될 수 있는지 아니면 정신과학적 연관에서 역사학 외에 별도의 독자적인 자리를 차지하는지를 묻는 것은 궁극적으로는 용어법의 문제다. 왜냐하면 그 물음에 대한 답은 사람들이 역사학이라는 표현에 부여하는 의미에 따라 달라지기 때문이다. 하지만 전기에 관한 모든 논의의 초입에는 인식론적이고 방법적인 문제가 놓여 있다. 즉 전기가 학문적인 과제의 보편 타당한 해결책이 될 수 있는가 하는 것이다. 나는 다음과 같은 사실에서 출발한다. 역사의 대상은 삶의 객관화들의 총체라는 형태로 우리에게 주어진다. 금방 사라지는 몸짓이나 어디론가 도망쳐버리는 말에서부터 불후의 시(詩) 작품들, 우리가 자연과 우리에게 부여한 질서 체계, 그 아래서 우리가 살고 있는 법질서와 규약들에 이르기까지 정신이 빚어내는 삶의 표현들은 자연의 연관 속에 깃들어 있다. 그것들이 정신의 외적 현실을 형성한다. 하나의 전기가 일차적으로 의존하고 있는 기록 문서들은 한 인격체의 표현과 작용으로서 뒤에 물러서 있는 나머지 것들에 존재한다. 그의 편지들과 그에 관한 보고들은 당연히 그 밑에서 하나의 고유한 입장을 취한다.

전기 작가의 과제는 이제 그런 기록 문서들 안에서 한 개인이 자신의 주변 환경에 의해 규정되고 환경에 반응하는 작용연관을 이해하는 것이다. 모든 역사는 파악해야 할 작용연관을 갖고 있다. 역사가는 개별적인 연관들을 취사선택하고 그 삶을 연구함으로써 역사적 세계의 구조 속으로 더 깊이 떠밀려 들어가게 된다. 종교, 예술, 국가, 정치적이고 종교적인 조직들이 전(全) 역사에 걸쳐 관통하고 있는 연관들을 형성한다. 개인이 발전하는 계기들을 부여하고 그런 개인들이 다시 거기에 속하게 되는 주변 환경 속에 있는 한 개인의 생애가 이런 연관들 중에서도 가장 근원적인 연관을 형성한다. 이런 관계는 이미 개인의 기억 속에서 그에게 주어져 있다. 그의 생애, 생애의 조건들, 그의 작용들. 우리는 여기서 역사의 근본 단위를 확보하는데, 특수한 역사적 범주들이 여기에서 나오기 때문이다. 생애가 자기성의 의식을 통해 순서대로 연결되듯이, 삶의 모든 계기들은 이런 자기성의 범주에서 그 지반을 갖는다. 고상한 것은 연속성으로 연결된다. 즉 우리는 어린 시절 순간적으로 지나간 형태에 대한 일련의 기억들을, 확고하고 스스로 파악된 내면성 속에서 세상에 맞서 자기를 주장하는 어른으로 내달려감으로써, 작용과 반작용들의 진행 경과를, 스스로 형성되고 따라서 내적인 것에 의해 어떤 식으로건 규정되는 것으로서 발전해가는 것과 관계 맺는다. 이러한 자아에 작용을 가하는 외적인 사건들은 그 자아에 대해 하나의 작용 가치를 갖는다. 이런 자아의 개별적인 상태들과 이에 대한 영향들은 생애에 대한 관계와 그 안에서 절로 형성되는 것에 대한 관계 속에서 하나의 의의를 갖는다.

개인이 자신의 생애에 대해 이런 식으로 성찰한 것을 문학적으로 표현한 것이 자서전이다. 하지만 자신의 생애에 대한 이런 성찰이 낯선 사람의 이해로 넘어가게 되면, 전기는 낯선 삶에 관한 문학적 형식의 이해가 된다.

삶은 그것이 미미하건 권세를 누리건, 유별난 삶이건 일상적 삶이건 모두 (하나의 전기로) 기록될 수 있다. 이런 일을 하려는 관심은 전혀 다른 관점들에서 생겨날 수 있다. 가족은 그들의 기억들을 보존한다. 형사법과 그 이론은 범죄자의 삶을 그리려 하고 정신병리학은 비정상적인 사람의 삶을 추적한다. 인간적인 모든 것은 우리에게 문서화되어 우리 현존의 무한한 가능성 가운데 어느 하나를 현재화시켜준다. 하지만 그 현존이 지속적인 영향들과 연계되어 있는 역사상의 인간은 더욱 고차적인 의미에서 예술 작품으로서의 전기 속에 계속 살아남을 만한 가치를 갖는다. 그리고 이들 중에서 다시 인간적 현존의 특히 이해하기 어려운 심연에서부터 영향을 뿜어내고 인간적인 삶과 그 개개의 모습에 대해 더욱 깊은 통찰력을 가진 인물들에게 전기 작가는 이끌리게 마련이다.

역사적 세계의 거대한 연관을 이해하는 데 전기가 대단한 비중을 갖는다는 사실을 사람들은 이제 어떻게 부정할 수 있겠는가! 그렇다면 그것은 인간적인 본성의 깊이와, 역사의 모든 지점에서 영향을 주는 확장된 역사적 삶의 보편적인 연관 사이의 관계일까. 여기에 삶 자체와 역사 간의 가장 근원적인 연관이 있다.

'전기는 가능한가?'라는 우리의 문제는 이제 점점 더 절박해진다.

역사적인 '인격체'의 생애는, 거기에서 한 개인이 역사적 세계로부터의 영향을 수용하고 또 그 밑에서 스스로를 형성하고 다시 이런 역사적 세계에 영향을 가하는 작용연관이다. 영향이나 작용들이 생겨나고 또 개인에 의해 이후 형성되는 영향들을 받아들이는 것이 바로 이 세계연관의 영역이다. 그래서 하나의 학문적 작업으로서의 전기의 가능성은 바로 이 점에 근거를 두고 있다. 개인은 역사적 세계 속의 여러 힘들의 무제한적인 작용에 맞서지 못한다. 개인이 살아가는 영역은 국가, 종교, 학문 등의 삶의 고유한 체계이거나 그런 것들의 연관이다. 이런 연관의 내적인 구조는 개인이 스스로 끌어가고 형성하고 자신의 작용의 방향을 정하는 그런 것이다. 어떤 역사적 순간에 이런 내적인 구조 속에 포함되어 있는 가능성들에서 역사적 성취들이 나온다.

우리가 슐라이어마허의 삶을 조망할 경우 그의 전기는 그의 작용의 다양성에서 풀려나온다. 하지만 더 가까이 들여다보면, 그의 전기는 이 인격체의 위엄이 종교성, 철학, 비평, 사도 바울이나 플라톤의 재해석, 교회, 국가에 그의 작용을 결부시키는 그 안의 내적인 연관에 있음을 보여준다. 체험과 이해가 가진 고유의 힘, 즉 삶과 작용 속에서 그를 넘어서 있고 또 그것이 대상화되는 차분하게 파악된 사려깊음은 운명이나 비탄, 처세 너머로 그것을 고양시키는 영혼의 더욱 고차적인 의식의 지속적인 지배에 근거를 두고 있다.

(2) 예술 작품으로서의 전기

자서전은 자기 자신에 대한 하나의 이해다. 더욱이 여기서 그 대상은 한 개인의 생애로서의 삶이다. 여기서 체험은 이런 개별적인 삶의 의미를 규정하기 위한, 이해의 지속적이고 직접적인 기반이다. 체험은 떠밀려가는 지속적인 현재로서,

그 안에서 개개의 부분들이 획득한 정신적 연관에서 나타나게 되는 하나의 연관의 분절들을 소유한다. 동시에 영향을 미치는 것으로서의 새로운 부분들은 역으로 하나의 작용연관에서 기억상 작용하는 분절들과 더불어 체험된다. 하지만 이런 작용연관은 작용들의 한 체계로서 나타나는 것이 아니고 현재의 모든 작용 속에서 자기와 거리두기라는 의식의 목적 아래 진행된다. 이는 하나의 작용연관을 이룬다. 왜냐하면 욕망들도 그 자체 안에 목적들을 갖고 있기 때문이다.

그래서 작용연관은 무엇보다도 목적들의 실현으로서, 적어도 의식의 전면에 서 있는 것으로서 체험된다. 작용연관에서 목적들, 변화들, 체험들은 수단으로 자리매김된다. 목적들에서도 그것의 우선 순위와 그를 위한 수단 마련으로서의 삶의 계획이 나온다. 이 모든 것은 가치를 만드는 현재 속에서 하나의 가치 의식, 즉 일련의 과거를 통해 현재화되는 것을 그것의 향유나 환상 등으로 보완해주는 가치 의식을 전제한다. 그래서 이런 범주적인 파악에는 과거에 형성된 의의에 대한 파악이 맞서게 된다. 그 안에는 외적이고 개별적인 사건이 내적인 사건에 대해 맺는 관계가 놓여 있고, 나아가 이 내적인 것은 사건들이 위계 질서를 이루고 있는 연관 속에 놓여 있다. 이 연관은 최종적인 분절로부터 형성되는 것이 아니라 하나의 중심점, 즉 내적인 것을 향하는 것 외의 모든 외적인 것과 관련을 맺고 있다. 그것은 하나의 의미를 담고 있는, 무한한 작용들의 계열이다. 이것이 비로소 (통일성을 만들어낸다).

이해는 모든 외적인 사건들에서 수행된다. 이 사건들은 마지막까지도 완전하며, 다만 그것들은 받아들인 것에서만 내용상의 한계를 갖는다. 거기에 그것이 자서전을 앞서는 특징이 있다.

그래서 자서전은 이해를 위해 계획, 의미에 관한 의식을 담고 있는 표현들을 사용할 수 있다. 편지들은 이 개인이 자신의 상황의 가치를 어디에서 발견하는지를 보여준다. 또 다른 자료들은 그 개인이 자신의 과거의 특정 부분들의 의미를 어디에서 찾는지를 보여준다. 이해가 이루어지는 하나의 연관이 형성된다. 이때 천부적인 재능이 발휘되고 그것이 스스로에게 의식된다. 그 재능은 주변 정황, 실수나 잘못, 고통 등을 다른 쪽으로 돌려버리거나 행복한 분위기가 그것의 수행력을 강화시킨다. 외부로부터의 과제들이 그 재능에 주어지고, 그 재능을 끌어내어 좋은 것이나 나쁜 것으로 향하게 한다. 어쨌거나 여기서도 하나의 생애는 내적인 것, 즉 삶의 의의에 대한 외적인 것의 관계를 내용상으로 보존한다는 특징은 남게 된다. (내 논문의) 괴테의 유명한 자서전처럼, 목격자들 자신이 이런 관계를 진술한다. 그리고 탐구자는 이미 역사적 작용이나 한계들에 관한 의식을 갖고 있다.

편지들은 순간적인 삶의 결을 보여준다. 하지만 그것들은 편지 수신인에 대해 발신인이 갖고 있는 방향의 영향을 받는다. 편지들은 삶의 환경들을 보여준다. 그러나 모든 삶의 환경들은 단지 한쪽 면에서만 보이게 된다. 그러나 삶이, 완성된 것이건 아니면 이미 역사화된 것이건, 이제부터 그것의 의의에 따라 가치가 평가될 수 있다고 한다면, 그것은 오직 지나간 것, 주변에서 작용을 가하는 것, 미래에 영향을 받는 것 등과의 연관이 현존하는 문서들의 해석을 통해 확정될 수 있을 때에만 가능하다. 이런 서류들은 한 개인을 그가 경험하고 행사하는 힘의 작용들의 중심점으로서 드러내준다. 하지만 역사적인 맥락에서 개인이 갖는 의의는, 이런 개인에 의해 해소될 수 있는 일반적인 연관을 획득해야 하는 과제가 해결될 수 있을 때에만 확정될 수 있다.

따라서 예술 작품으로서의 전기는 시대사(時代史)로 나아가지 않고서는 그 과제를 해결할 수 없다.

그렇기 때문에 입장의 변화라는 것이 수행된다. 한 개인의 해석의 한계는, 자신이 하나의 중심점이듯 전기 작업에 의해 중심점이 되었다는 데에도 있다. 이제 예술 작품으로서의 전기는 보편사적인 지평이 열리고 또 작용연관과 의의연관에 대해 이 개인이 중심점에 머물게 되는 그런 입장을 발견해야 한다. 이는 모든 전기가 단지 대략으로만 해결할 수 있는 과제이다. 그것은 한편으로는 그가 가진 힘들, 그에 관한 역사적 규정, 이런 규정들의 가치, 의의연관 등의 다양성 속에서 그 연관을 객관적으로 제시해야 한다. 항상 모든 방향으로 확산되어가는 무한계성에 대한 의식이 존재해야 하며, 그럼에도 불구하고 관계들의 교차점은 이 개인에게서 확정되어야 한다. 이로부터 전기의 예술 형식은 오직 역사적인 인격체들에만 적용될 수 있다는 사실이 도출된다. 왜냐하면 그 같은 중심점을 형성할 수 있는 힘은 오직 그런 인격체들에만 있기 때문이다.

말하자면 전기의 이중적인 시점에 타당성을 부여하는 데 따르는 난점은 결코 완전하게 극복될 수 없는 것이다.

역사 서술에서 전기가 차지하는 지위는 특별한 상승을 겪었다. 그런 상승은 소설에 의해 예비되어 있었다. 아마도 그것을 온전한 의미에서 파악했던 사람은 칼라일Thomas Carlyle[24]일 것이다. 이는 랑케Leopold von Ranke[25]에 이르기까지 역사주의 학파의 발전 이후에 등장한 가장 큰 문제가 삶 자체의 관계에서 역사 서술을 위한 그것의 다면성(多面性)에 있다는 사실에 기인한다. 그 문제는 역사학을 하나의 전체로서 보호해야 한다. 역사의 가치에 대한 여타의 모든 물음들은 인간이란 결국 가치 속에서 인식한다는 사실에서 해답을 찾을 수 있다. 우리는 인간적 본성을 내관을 통해 파악하지 않는다. 이것은 니체Friedrich Nietzsche의 엄청난 기만이었다. 따라서 그는 역사의 의의도 파악할 수 없었던 것이다. 이렇게 해서 생겨나는 역사의 포괄적인 과제는 헤겔에게 함축되어 있었다. 사람들이 상대적으로 무역사적인 원시 부족들의 삶을 연구했을 때 그들은 역사에 더욱 가까이 다가갔다. 왜냐하면 그런 연구 과정에서 원시 부족들의 삶의 내용의 일양적(一樣的)인 반복이 두드러졌기 때문이다. 그것은 모든 역사의 자연 지반과 같은 것이다. 마찬가지로 최고도의 인간적인 인격체들이, 다른 측면들에서 인류의 한계들을 보게 해주는 전혀 새로운 방식의 연구를 만들어냈을 때에도 역사에 더욱 가까이 다가갈 수 있었다. 그 둘 사이에 관습에 관한 연구가 자리했다. 칼라일의 전기, 그 지반에서 하나의 개별적인 문화 전체를 파악한 야코프 부르크하르트Jacob Burckhardt의 작업, 매콜리Thomas B. Macaulay[26]의 관습 기술(記述) 등은 출발점이었다. (그림 형제) 이는 예술 작품으로서의 전기가 새로운 의의와 새로운 내용을 획득하게 되는 지반이다.

그러나 이제 바로 이 점에 그 한계가 있다. 보편적인 운동들은 그것의 통과점으로서의 개인을 통해 앞으로 뻗어나간다. 우리는 그런 운동들을 이해하려면 그것들의 이해를 위한 새로운 지반들을 찾아야 한다. 문제는 이 지반들이 개인에게는 없다는 데 있다. 전기는 그 자체로는 스스로를 학문적인 예술 작품으로 만들 수 있는 가능성을 가지고 있지 않다. 우리가 자신에게 적용해야 하는 것은 새로운 삶의 새로운 범주들, 형태들과 형식들이다. 그것들은 개별적인 삶에서는 출발할 수 없다. 개인은 단지 그 현존이 얽혀 들어가 있는 문화 체제들, 조직

들을 위한 교차점일 뿐이다. 어떻게 그런 체제나 조직들이
개인에서 출발해 이해될 수 있겠는가?

'정신과학'의 정초자
빌헬름 딜타이

1. 빌헬름 딜타이의 생애와 저작들의 개요

19세기 중반부터 20세기 초반까지 활동한 독일 철학자 빌헬름 딜타이를 현재 한국이라는 시공간의 지평 속에 다시 끌어들이는 일은 무척 까다로운 과제임이 분명하다. 우리 학계에는 딜타이라는 그의 이름과 간략한 사상 내용 정도만 알려져 있을 뿐이다. 그의 저서는 풍부하지만 국내에 소개된 것은 지금은 절판된 발췌 번역본《체험과 문학》(한일섭 옮김, 중앙일보, 1979)과 같은 책의 영어본을 옮긴《문학과 체험》(김병욱 옮김, 예림기획, 1998)이 전부다. 이것만으로는 딜타이의 사상을 알기에는 부족하다.

무엇보다 한국의 서양철학 연구는 칸트, 헤겔, 마르크스, 하이데거 등과 같은 거물 철학자를 중심으로 이뤄져왔다. 그러다 보니 이른바 '아류'로 불리는 철학자나 체계를 완성하지는 못했지만 독창성이 빛났던 철학자들에 대한 관심은 미미하다. 후자에 속하는 딜타이도 그런 경우이다.

　맥락을 배제한 상태에서 어떤 철학만을 떼어내어 우리의 사상 맥락으로 끌어들이는 일은 쉽지 않다. 그런데 한국의 철학계에는 딜타이를 키워낸 정신주의 철학에 대한 연구 분위기가 거의 조성되어 있지 않다고 해도 과언이 아니다. 신칸트주의 철학에 대한 관심이 거의 없는 것도 같은 이유에서다.

　빌헬름 딜타이. 철저히 강단 학자로만 살다 갔기 때문에 그의 생애에서 이렇다 할 에피소드를 뽑아내는 것조차 어렵다. 그는 1833년 독일 라인강변 헤센 주의 모스바흐 비브리히라는 소도시에서 목사 막시밀리안 딜타이Maximilian Dilthey의 아들로 태어났다. 그의 아버지는 아들도 목사가 되기를 희망했다. 그래서 그는 스물셋에 신학시험을 치르기도 했지만 결국 방향을 철학으로 바꾸게 된다. 하이델베르크 대학과 베를린 대학에서 신학과 철학을 공부한 그는 1864년 베를린 대학에서 교수자격 취득 논문을 썼다. 1866년 스위스 바젤 대학을 시작으로 1868년 킬 대학, 1871년 브레슬라우 대학 그리고 1882년부터는 베를린 대학의 교수로 재직했다. 1905년 베를린 대학 교수로서의 활동을 끝낸 그는 본격적으로 역사적 정신과학의 인식 이론과 '정신적 삶'의 이해를 위한 토대들을 밝히는 창조적인 작업에 몰입했다. 이번에 소개하는 '체험, 표현, 이해의 해석학'이 바로 이 무렵에 그가 이룩한 성과이다. 이 창조적인 사상가는 1911년 10월 1일 자시스에서 사망해 고향인 비브리히에 묻혔다. 외적인 활동은 이게 전부라고 해도 과언이 아니다. 전형적인 교수의 길을 걸었기 때문이다. 전기나 자서전에 유난히 큰 관심과 공을 들였던 그임을 감안한다면 그에 관한 전기적 자료의 빈곤은 일종의 역설이라 할 수 있다.

삶의 외형은 이렇게 단조롭지만 삶의 시기별로 그의 정신세계를 보여주는 저작들은 대단히 역동적이다. 그동안 나온 《전집》만 해도 20권에 육박한다. 먼저 1980년대 초까지 나온 18권의 제목을 살펴봄으로써 그가 구축하려 했던 사상적 세계의 대강을 알아보자.

제1권 《정신과학 입문─사회와 역사 연구를 위한 정초(定礎)의 시도》

제2권 《르네상스와 종교개혁 이래 세계관과 인간의 분석》

제3권 《독일 정신사 연구─라이프니츠와 그의 시대. 프리드리히 대왕과 독일의 계몽주의. 18세기와 역사적 세계》

제4권 《헤겔의 청년시대와 독일 관념론의 역사에 관한 논문들》

제5권 《정신적 세계─삶의 철학 입문. 전반부─정신과학의 정초를 위한 논문들》

제6권 《정신적 세계─삶의 철학 입문. 후반부─시학, 윤리학, 교육학에 관한 논문들》

제7권 《정신과학에서 역사적 세계 구축》

제8권 《세계관론—철학의 철학을 위한 논문들》

제9권 《교육학—체계의 역사과 기본 개요》

제10권 《윤리학의 체계》

제11권 《역사적 의식의 출현에 대하여》

제12권 《프로이센의 역사에 대하여—슐라이어마허의 정치적 성찰과 영향》

제13~14권 《슐라이어마허의 생애》

제15~17권 《19세기 정신사에 관한 논문들》

제18권 《인간과 사회 그리고 역사에 관한 학문들》

발간된 저작들을 통해 우리는 딜타이가 관심을 쏟았던 것이 무엇인지를 대략 그려볼 수 있다(《전집》 제7권에 대한 개요는 이 책 해제 4절을 참조하라). 그의 주된 지향은 '정신적 세계'이다. 그는 정신적 세계를 대상으로 하는 학문을 수립하겠다는 원대한 포부를 갖고 있었고 평생 동안 그 포부의 실현에 모든 학문적 정력을 쏟아부었다.

딜타이는 자신에게 주어진 역사적 사명을 예민하게 의식하고 있던 철학자이자 정신과학자였다. 그가 살던 시대의 독일학계는 지성사적으로 크게 두 갈래로 나뉘어 있었다. 강단에서는 자연과학과 독립되는 인간과 사회와 역사에 대한 학문 정립을 위해 쟁쟁한 철학자들이 학문적 패권 싸움을 하고 있었고 현실에서는 마르크스주의가 급속하게 힘을 얻어가던 시절이었다.

독일 철학사에서 칸트에서 헤겔에 이르는 과정은 다양한 의미 부여가 가능하겠지만 무엇보다도 인간 개인에서 인간 사회와 인간 역사라는 새로운 차원의 열림이 가장 두드러진 시기라고 볼 수 있겠다.

여러 철학자나 정신과학자들이 이러한 인간 사회와 역사를 '자연과학과는 다른 방법으로' 규명해보겠다는 야심을 품고서 새로운 길을 찾는 경쟁에 들어갔다. 딜타이도 그중 하나였다. 그의 막강한 경쟁자로는 최근 관심을 끌기 시작한 형식사회학과 문화사회학의 원조 게오르크 지멜과, 신칸트주의적 입장에서 역사과학(빈델반트Wilhelm Windelband) 또는 문화과학(리케르트Heinrich Rickert)을 정립하겠다는 그룹이 있었다. 결국 사회학을 독립된 과학의 반열에 올려놓는 데 성공하는 막스 베버는 리케르트 진영에서 나왔다. 그것은 역사나 사회의 학문화(또는 과학화) 경쟁에서 딜타이나 지멜이 패배했음을 뜻한다. 딜타이나 지멜이 20세기 사회학 또는 사회과학의 역사에서 뒷전으로 물러나게 된 것도 그러한 패배와 무관하지 않을 것이다.

2. 딜타이가 영향 받은 철학자들

(1) 칸트와의 대결과 그 극복

"칸트의 혈관 속에는 말간 액체만이 흐를 것이다." 이는 이성 중심의 칸트 철학으로는 살아 있는 인간의 삶을 다루어야 하는 철학, 즉 삶의 철학Lebensphilosophie에 이를 수 없음을 비유한, 딜타이의 인식을 잘 표현한 문장이다.

딜타이는 칸트 철학에 비추어 자신의 철학적 목표를 '역사이성 비판'으로 설정했다. 칸트가 자연과학과 수학의 도움을 빌려 순수이성의 가능 근거를 밝히려 했다면 자신은 삶의 철학을 통해 역사이성의 가능 근거를 밝히겠다는 것이었다.

칸트나 딜타이가 '가능 근거'에 집중하는 이유는, 순수이성의 가능 근거나 역사이성의 가능 근거를 밝힘으로써 철학이 더 이상 형이상학에 빠지지 않고 자연과학과 구별되는 탄탄한 학문적 토대 위에 설 수 있다고 보았기 때문이다. 딜타이에게서 '정초'나 '학문 이론'이라는 개념이 빈번하게 등장하는 것은 이런 맥락에서다.

> 딜타이의 '역사이성 비판'은 순수이성 비판에 대응되는 것이자 동시에 순수이성 비판에 대한 비판을 뜻한다. 즉 '역사'이성은 '순수'이성을 포괄하는 것이다.[27]

역사이성이 순수이성을 포괄한다는 말은 바꿔 말하면 순수이성도 삶에 근거를 두고 있다는 뜻이다. 칸트는 두뇌 작용에만 초점을 맞춤으로써 결국 인간의 또 다른 핵심 구성 요소인 감정이나 행위 또는 의지나 욕구 등을 무시했다는 것이다.

내용적인 측면에서 보자면 딜타이가 이처럼 역사를 끌어들여 칸트를 극복하는 데 결정적으로 기여한 인물은 헤겔이다. 왜냐하면 철학적 사유 속에 역사를 핵심 요소로 받아들인 첫 번째 철학자가 헤겔이기 때문이다.

> 칸트는 자기의 비역사적인 접근 방법으로 인하여, 역사적으로 볼 때 특수한 과학인 뉴턴의 역학을 지식의 본보기로 보게 되었고, 그로 인하여 또한 우리는 그가 계몽주의에 뿌리를 두고 있음을 분명히 볼 수 있다. 이와 대조적으로 사유의 역사성을 강조한 것은 헤겔의 중요한 업적 중의 하나이다. 행위와 마찬가지로, 사유는 자기가 기초하고 있는 원리에까지 영향을 미치는 시간과 공간의 좌표상에서 고려되어야만 한다.28

미국의 대표적인 해석학 연구자 블레이처Josef Bleicher는 딜타이가 칸트에게서는 형이상학적 추리에 대한 반감을, 헤겔에게서는 역사에 대한 관심을 받아들였다고 요약한다. '역사이성 비판'이라는 조어가 탄생할 수 있었던 것은 칸트와 헤겔의 결합의 산물이었던 것이다.《전집》제4권이 헤겔에 대해 다루고 있는 것은 이런 맥락에서 봐야 할 것이다.

(2) 슐라이어마허와 보편해석학의 성립

통상 우리는 해석학이라고 하면 보수적 성격을 갖는다고 생각한다. 새로운 사유를 창조하는 것이 아니라 기본적으로는 주어진 텍스트에 대한 해석에 머물기 때문이다. 그러나 이는 해석학에 대한 근본적인 무지나 오해에서 비롯하는 것이다.

결론부터 말하면 해석학은 두 가지 길 모두 가능하다. 현대 철학에서도 한스 게오르크 가다머의 철학적 해석학이 비교적 보수 노선이라면 위르겐 하버마스Jürgen Habermas 같은 사회비판적 해석학도 성립될 수 있기 때문이다.

해석학은 원래 성서 해석에서 비롯된 것이다. 그런데 중세를 거치면서 성서 해석의 규준은 가톨릭 교회가 정한 도그마가 독점하다시피 했다. 근대의 신학적 해석학이 등장하면서 해석학은 개인해방적·계몽주의적 성격을 띠게 된다. 종교개혁 이후 신학자들이 《신약성서》가 하나의 통일된 정신을 갖는 믿음 체계라기보다는 다수의 저자들에 의해 씌어졌기 때문에 성서 해석을 할 때 그들이 속한 시대와의 연관이 중시되어야 한다고 보기 시작했기 때문이다. 이것이 바로 역사적 해석인데 '역사 속의 예수', '인간 예수' 같은 문제의식이 생겨난 것도 같은 맥락에서이다.

독일의 신학자 슐라이어마허의 출발점은 여기다. 그는 이 같은 역사적 해석을 긍정적으로 평가하는 데서 자신의 해석학을 시작한다. 그러나 그는 신학 연구 못지않게 해석학이라는 방법의 정립에 큰 공을 남기게 된다. 그 단서는 언어의 중요성에 대한 발견에서 비롯된다.

> 슐라이어마허는 성서를 개별화하며 역사적으로 특수화하는 이러한 해석의 주요한 근거를 언어 속에서 발견하는데, 그 이유는 '신의 말씀' 역시 인간적 언로로 나타나며 인간적 언어의 의미 지평들로부터 이해될 수 있기 때문이다.[29]

그에 앞서 이미 신학적 해석학과 함께 문헌학적 해석학이 성서 해석과 텍스트 비평의 주요 방법론으로 사용되고 있었다. 그러나 이런 해석학은 성서 연구의 일반적 방법이 아니라 지극히 제한된 범위에서 특별히 이해하기 어려운 상황이 발생했을 때 부분적으로 이용될 뿐이었다. 즉 보조 학문에 머물고 있었던 것이다. 그래서 슐라이어마허는 이런 해석학을 특수해석학이라 명명하고 해석학의 보편화, 즉 보편해석학의 정립을 시도한다.

> 특수해석학은 유용하지만 오로지 개별적 예들과 관련되어 있는 규칙들을 실용적으로 수집하는 일에만 전념하고 그것의 개별적 응용에만 관심

을 가짐으로써 어떠한 보편적 성격도 분명하게 가지지 못한다. 왜냐하면 그러한 이론은 개별적인 특수한 예들에 응용될 뿐만 아니라 모든 이해에 전용되고 적용되어야 하는 '보편적' 이론일 수 없기 때문이다.30

그렇게 되려면 먼저 이해가 막히는 것, 오해가 발생하는 것이 특별한 문헌의 한 구석에서 일어나는 일이 아니라 어디서나 일어날 수 있는 보편적 현상임을 입증해야 한다. 이런 맥락에서 그는 일상사의 대화에 주목한다. 그가 볼 때 문어와 구어 사이에는 근본적인 차이가 없다. 그리고 대화에 주목함으로써 '타자' 이해의 문제도 함께 제기된다. 여기서 심리학적 이해의 필요성이 제기된다.

다행스럽게도 슐라이어마허가 해석학에 관한 자신의 사상을 발전시켜간 과정을 고스란히 보여주는 강의집이 국내에 번역되어 있어 그의 학문적 체취를 생생하게 느껴볼 수 있다. 키멀레Heinz Kimmerle가 엮고 구희완이 옮긴《해석학》(양서원, 1992)이 그것이다.

1805년의 해석학 강의에서 그는 에르네스티Johann A. Ernesti의 해석학을 정리하는 작업을 자신의 해석학을 정립하기 위한 출발점으로 삼고 있음을 보인다. 에르네스티는 프리드리히 아스트Friedrich Ast와 프리드리히 아우구스트 볼프와 함께 슐라이어마허 해석학에 결정적으로 기여한 3대 인물 가운데 하나다.31

당시까지 성서 해석학이나 문헌 해석학이 이루어놓은 방법론적 성과는 대략 다음과 같이 요약할 수 있다. 해석에는 역사적 해석, 문법적 해석, 정신적 해석 등 세 가지가 있을 수 있다. 이에 정확하게 해당되지는 않지만 교부철학자 오리게네스도 이미 성서의 의미를 문자적 의미, 심리적(도덕적) 의미, 정신적 의미로 나누어서 보아야 한다고 했고, 축자적 해석과 비유적 해석을 구분하기도 했다.[32]

그중 에르네스티는 특히 문법적 해석에 크게 기여한 인물이다. 결국 슐라이어마허는 여기서 출발해 정신적 해석, 즉 철학적 해석을 향한 중요한 걸음을 내딛게 된다. 그의 작업이 주로 문법적 해석과 심리적 해석의 관계 설정을 중심으로 이루어진 것도 이 때문이다.

ㄱ. 문법적 해석과 심리적 해석

이 문제를 이해하기 위해서는 먼저 언어와 정신(또는 넓은 의미에서의 사고)의 관계에 대한 슐라이어마허의 생각을 알아야 한다. 일반적으로 존 로크John Locke로 대표되는 경험론자들은 언어를 단순한 사고의 수단으로 이해했다. 이런 입장을 취할 경우 해석학은 그리 필요하지 않다. 오히려 불필요한 언어 제거를 위한 명석한 논리학의 발전에 더 큰 비중을 둔다. 실제로 근대 영미권의 사상은 20세기 초 논리실증주의의 등장에 이르기까지 이런 노선을 따라 발전했고 그래서 해석학 이론가 중에 영미권의 대가는 거의 없었다고 해도 과언이 아니다.

물론 영미권 철학자들을 해석학의 무능력자로 일방적으로 몰아서는 안 된다. 그들은 나름대로 합리주의를 견지하기 위해 그리고 해석학의 주관주의적 또는 비합리주의적 성격으로 인해 그것을 멀리한 측면이 있음을 부정할 수 없기 때문이다. 이런 점에서 이탈리아의 해석학자 지아니 바티모Gianni Vattimo의 다음과 같은 지적은 시사하는 바가 크다.

> 해석학은 종종 20세기 초반부터 유럽 대륙의 문화와 철학의 상당 부분에 파고들었던 비합리주의의 한 극단적 표현으로 낙인찍혀왔다. 이런 혐의는 (루카치의 후계자들과 같은) 역사주의적 합리주의의 옹호자들과 신실증주의적 과학주의의 옹호자들 양측으로부터 덧씌워졌다.33

반면 훔볼트 Wilhelm von Humboldt에서 시작해 언어와 사고를 동일한 것, 하나의 일체로 보는 견해는 주로 독일권에서 번성했다. 그러나 슐라이어마허의 경우 점차 언어와 사고를 각기 독립적으로 보려는 제3의 길로 나아갔다. 그랬기 때문에 그는 해석학에는 문법의 길과 심리의 길이 있다는 이분법을 수용할 수 있었다. 그러면서도 원저자의 텍스트 또는 작품을 이해하기 위해서는 이 두 가지 길을 모두 사용해야 한다고 보았다.

그것은 그가 생각한 해석학의 목표가 달랐기 때문이다. 그는 텍스트를 만든 원작자(또는 저자)의 정신이라는 것을 상정했다. 그래서 그의 해석 절차는 다음과 같은 단계를 거쳤다.

해석자 → 텍스트 혹은 작품 → 원작자 → 원작자의 정신

해석학적 이해의 과제에 대해 그는 이렇게 말한다.

그것은 언어의 이해로부터 출발하느냐 아니면 말하는 사람의 이해로부터 출발하느냐이다. 이러한 이해의 이중적인 것 때문에 해석은 하나의 기술일 수밖에 없다. 이 둘 중에서 어느 하나도 그 자체만으로써 완성되어질 수는 없다.[34]

문법적 이해와 기술적(記述的) 혹은 심리적 이해의 관계는 다양하게 맺어진다. 그는 원칙적으로 문법적 이해는 상대적으로 낮은 수준의 해석이고 기술적 이해는 좀 더 높은 수준의 해석이라고 보았다. 결국 두 가지 이해의 결합 비율은 해석 대상이나 내용에 따라 달라지게 된다. 다시 말해 해석 대상이 객관적일수록 문법적 해석이 강하게 작용하고 주관적일수록 심리적 해석이 비중을 갖게 된다. 그는 몇 가지 사례를 제시한다.

문법적으로 중요하다는 말이 반드시 심리적으로 중요하다는 말이 될 수 없다. 그 역도 성립한다. 그래서 어느 측면에서 중요하다고 생각된 텍스트에 두 해석 방법을 동등하게 적용시키더라도 그 텍스트 안에서 무엇이 중요한가에 도달할 수가 없다.

심리적 해석의 극소는 주로 (해석대상이) 객관적 성격이 지배적일 때 사용된다. 우선 개별적인 순수한 역사(를 해석할 때 그렇다). 왜냐하면 그것은 전체적인 견해에서 보면 언제나 주관적으로 촉발되고 있기 때문이다. 서사시와 사무적인 기록은 역사적 자료로 사용될 수 있다. (중략) 심리적 해석이 극대일 때 문법적 해석이 극소인 경우는 편지를 취급할 때, 특히 개인적인 편지를 취급할 때 나타난다.35

실제로 해석의 절차를 밟게 되는 경우에는 문법적 해석이 심리적 해석에 선행한다. 텍스트에 담긴 일반적이고 보편적인 언어적-논리적 구조를 '법칙적으로' 이해하는 일이 우선되어야 하기 때문이다. 그가 문법적 해석을 소극적이고 경계 설정적인 절차라고 했던 것도 그런 이유에서다.

ㄴ. 해석학적 순환

그런데 그보다 우선되어야 할 단계가 하나 있다. 예를 들어 어떤 텍스트를 이해하려고 한다고 하자. 가장 먼저 해야 할 절차는 무엇일까? 텍스트 전체에 대한 개요를 얻는 것이다. 여기서 슐라이어마허의 발명품이라고 할 수 있는 '해석학적 순환'이 등장한다.

저자가 제시한 책 내용의 목차는 너무 무미건조해서 기술적 해석에 별로 도움이 안 된다. 편저자가 보통 서문에 써주는 요약 내용도 역시 편저자가 원하는 해석 방향으로 독자들을 이끌어버린다.

해석자의 목적은 책에서 주도하는 이념을 찾는 것이다. 즉 이로써 다른 모든 것을 평가함에 틀림없는 (그 주도하는 이념을 찾는 것이다.) 기술적인 면에서도 주된 흐름을 찾는 것이 중요하다. 이는 개별적인 것(즉 부분)을 더 쉽게 찾게 해준다. 기술적 해석과 문법적 해석 모두 필수 불가결하다는 것은 다양한 형태의 오해에 대한 증거를 쉽게 제시해낼 수 있다는 점이다.

별로 중요하지 않은 텍스트일 때 그것(책의 개요를 파악하는 것)은 필요치 않다. 그러나 어려운 텍스트를 취급할 때는 그 개요가 별로 도움을 주지 않을지 몰라도 오히려 필수 불가결한 것이다. 일반적인 개요가 조금 밖에는 도움이 되지 못한다는 것은 서투른 저자들의 특성인 것이다. 우리가 실제로 개별적인 부분에 대한 해석을 시작해야 한다면 우리는 항상 해석의 두 측면을 함께 갖고 있어야만 한다. 그러나 해석의 이론을 정립할 때는 이를 구별해야 하고 또 각각 구별해서 논하지 않으면 안 된다.36

하나의 책을 해석하고 이해한다고 할 때 슐라이어마허는 가장 먼저 주도하는 이념을 찾으라고 말한다. 주도하는 이념은 딱히 제목이나 목차 또는 저자나 편찬자의 서문을 넘어서서 그 책을 하나의 통일된 체계로 이끌고 있는 골격이라 할 수 있다. 단어, 문장, 문단, 절, 장 등이 부분이라면 주도하는 이념은 전체다. 그런데 해석의 출발점으로서 주도하는 이념은 아직은 불확실한 전체다. 이 불확실한 전체를 확실한 전체, 익숙하지 않은(낯선) 전체를 익숙한 전체로 바꾸는 과정이 곧 해석 과정이며 확실한 전체, 익숙한 전체에 도달했을 때 우리는 비로소 이해에 이르게 되는 것이다.

주도하는 이념, 불확실한 전체, 익숙하지 않은 전체를 포착했다면 본격적인 해석의 장정에 나서게 된다. 이렇게 해서 내딛는 걸음걸음은 그 각각이 순환의 장벽을 헤치고 나아가는 것이다. 그래서 해석학에서는 순환을 피하는 것이 아니라 적극적으로 그 순환에 휘말려들어가 순환 과정을 반복함으로써 오히려 해석이 완성되고 이해에 이르게 된다고 본다.

그리하여 해석학적 순환은 해석학의 핵심 방법이면서도 일반적인 방법론주의가 바탕으로 하고 있는 대상과 절차, 내용과 방법의 이분법에 빠지지 않는다. 오히려 내용 자체의 드러나는 방식에 순응하되 그 내용의 진리가 드러나도록 하는 방법인 것이다.

해석의 순환적 성격, 즉 해석학적 순환에 대한 통찰을 통해 슐라이어마허는 해석학을 특수학에서 보편학으로 성장시킬 수 있는 가능성을 제공했다. 그것은 해석학적 순환의 방법적 측면 때문이다. 슐라이어마허에 이어 곧바로 딜타이가 정신과학 일반의 방법론으로 해석학을 정립할 수 있었던 것도 바로 이 '해석학적 순환'이라는 장치 때문이었다. 리처드 팔머의 다음과 같은 지적은 왜 해석학적 순환이 보편적 해석학의 정립에 기여했는지를 명확하게 보여준다.

> 해석학에 기여한 그의 업적(즉 해석학적 순환)은 해석학의 역사에 있어서 중요한 전환점이 된다. 왜냐하면 해석학은 이제 더 이상 신학이나 문학 혹은 법학에 속하는 특수한 전문적 보조 분야가 아니라 언어로 표현된 모든 것들을 이해하는 기술로 전환되었기 때문이다.37

ㄷ. 오해를 피하는 기술로서의 해석학

슐라이어마허는 1819년 해석학 강의에서 우리(즉 해석자)는 그 자신보다 저자를 더 잘 이해할 수 있다고 말한다. 이에 대해 그가 밝힌 이유는 다음과 같다.

> 왜냐하면 저자 안에서는 많은 것들이 의식되지 않은 채로 있으나 우리 안에는 이미 의식된 채로 있기 때문이다. 이런 사실은 이미 일반적으로는 처음 개요 속에 나타나고 개별적으로는 (해석상의) 어려움이 있을 때 즉각즉각 나타난다.38

물론 여기서 첫 문장은 다음과 같이 엄격하게 번역되어야 할 것이다. "해석자는 저자 자신보다 저자를 더 잘 이해할 수 〔도〕 있다." 해석자가 달라짐에 따라 이해의 정도나 수준이 달라질 수도 있고 같은 해석자라도 특정한 시점에서 그의 지적 훈련 정도나 관심사, 전공 분야, 재능 등에 따라 저자를 이해하는 정도나 수준이 달라질 수 있는 것이다. 그렇다면 정확한 이해에 이르기 위해서는 어떻게 해야 하는가라는 문제가 제기된다.

바로 이런 문제 때문에 슐라이어마허는 구체적인 기술의 하나로 '오해를 피하는 문제'에 관심을 가졌다. 방금 말한 것들은 결국 오해 발생의 다양한 원인들을 지적한 것이고 이런 오해를 제거함으로써 이해에 이를 수 있다는 게 그의 생각이었다.

이해와 오해의 관계는 의외로 밀접하다. 이해를 했다는 것은 오해를 하지 않았다는 것이고 오해를 했다는 것은 이해를 하지 못했다는 말과 같기 때문이다. 그래서 오해를 피하는 기술과 이해의 기술이 동일한 것은 아니지만 적어도 이해 기술의 중요한 구성 부분을 이룬다.

슐라이어마허는 1819년 해석학 강의 제16원리에서 다음과 같이 말한다.

(해석의) 보다 엄격한 적용은 다음과 같은 두 가지 사실, 즉 오해는 저절로 생겨나며 어느 지점에서건 이해는 의도되어야 하고 추구되어야 한다

는 사실에서 출발한다.39

즉 해석학적 방법을 구체적으로 적용함에 있어 실제적으로 고려해야 하는 두 가지 근본 사항으로 '오해는 저절로 생겨난다'는 것과 '이해는 의도되어야 하고 추구되어야 한다'를 말하고 있다. 도대체 이게 무슨 말인가?

먼저 '오해는 저절로 생겨난다'는 구절에 대해 알아보자. 이와 관련해 그는 말하는 사람과 듣는 사람의 언어 사용법이 다르며 또 그들의 사고 형성 방법이 다르다는 전제에서 출발한다고 말하고 있다. 말하는 사람과 듣는 사람의 관계는 텍스트와 해석자 사이에도 그대로 적용된다.

'저절로'라는 것은 이처럼 애당초 텍스트와 해석자는 서로 다른 환경, 배경, 성립 과정, 처지 등에 처해 있음을 지적하는 말이다. 따라서 오해는 생겨날 수밖에 없다는 것이다. 물론 그렇다고 해서 텍스트와 해석자 사이에 아무런 공유 영역이 없다는 식의 극단적 결론에 이르지는 않는다. 만일 그런 결론에 빠지게 되면 고르기아스의 불가지론(不可知論)40과 비슷한 상황에 처하게 될 것이다.

오히려 결론부터 말하자면 슐라이어마허, 아니 해석학자들은 기본적으로 이런 문제에 대해 '공유하는 것도 있고 공유하지 않는 것도 있다'는 생각을 확고하게 갖고 있다. 또 해석학의 존재 이유도 여기에 있다. 현대의 해석학자들도 '완전히 모르는 것에 대해 이해와 해석을 시도할 수 없고 완전히 아는 것에 대해서도 이해와 해석을 시도할 수 없다'고 즐겨 말하는 것도 그런 맥락에서다. 이런 점에서 슐라이어마허는 분명한 해석학자이다.

그러나 오해에도 나름의 긍정적 역할이 있다. 슐라이어마허는 이 원리를 설명하면서 우리는 오해가 생겨나기 전까지는 그 어떤 구별도 하지 못한다는 근본 경험을 이야기하고 있다. '근본 경험'이란 더 이상의 구체적인 설명이 필요 없다는 뜻인데 이 점은 예를 들어 설명하겠다.

내가 이해하고자 하는 텍스트가 있다고 하자. 여기서 텍스트는 굳이 책이나 문서가 아니어도 좋다. 사람이 될 수도 있고 역사적 사실이 될 수도 있다. 그 텍스트에 대해 평균적인 해석자가 맨 처음 가진 이해에는 상당한 오해도 포함되기 마련이다. 이해되지 못한 부분이 모두 오해인 것은 아니지만 그 중 분명 오해도 상당한 비중을 차지한다. 그런 오해는 이해된 것들이 형성하는 맥락과 충돌을 일으킨다. 처음에는 어느 쪽이 오해이고 어느 쪽이 이해된 것인지 혼동될 수도 있다. 그러나 결국 다른 텍스트나 참고자료들을 통해 양자는 구분이 되고 그런 오해를 하게 된 이유를 찾아가다 보면 대부분은 이해에 이르게 된다. '오해'라는 현상이 없다면 오히려 이해를 향해 가는 길은 더욱 복잡하게 꼬일 수도 있다. 슐라이어마허는 오해의 바로 이런 기능을 이야기하고자 했던 것이다.

그러면 '이해는 의도되어야 하고 추구되어야 한다'는 말은 무엇인가. 이 말은 앞서 살펴본 오해의 자연 발생성과 대비시켜볼 때 확연하게 이해된다. 오해와 달리 이해는 인간의 능동적 의욕과 노력의 산물이라는 것이다. 결국 이해란 자연 발생적으로 생겨나는 오해를 피하면서 어떤 사물을 해석하고 파악하려는 인간의 주요한 인식 기능의 하나로 봐야 한다는 게 그의 주장이다.

3. 역사이성 비판의 길

딜타이에게는 정신과학론의 정초자, 삶의 철학의 창시자, 해석학의 정립자 등 여러 가지 명칭이 따라붙는다. 실제로 그는 삶의 철학자, 해석학자로서 커다란 비중을 차지한다. 그러나 그 모든 면모를 총괄할 수 있는 개념으로는 '역사이성 비판'을 들 수 있다. 이 기획이 그의 생애 전체에 걸쳐 이루어진 작업이기 때문이다.

그가 어떻게 해서 '역사이성 비판'의 개념을 정립하게 됐는지는 앞서 간략히 언급했다. 그렇다면 그가 역사이성 비판을 통해 의도했던 바가 무엇이었는지 궁금해진다. 딜타이는 레오폴트 폰 랑케로 대표되는 독일 역사주의의 실증적 역사 연구에 상당한 공감을 표시하면서도 역사주의에 숙명처럼 따라붙는 상대주의에 대해서는 비판적이었다. 특히 같은 맥락에서 요한 구스타프 드로이젠Johann Gustav Droysen[41]의 역사론이 안고 있는 상대주의를 제거해야만 역사학은 독자적 토대를 가진 학문이 될 수 있다고 보았다. 딜타이가 이런 과제를 집중적으로 수행한 것이 《전집》 제1권 《정신과학 입문—사회와 역사 연구를 위한 정초의 시도》이다. 다음은 거기에 나오는 한 문단이다.

> 로크, 흄, 칸트가 구성한 인식 주체의 혈관 속에는 살아 있는 피가 흐르는 것이 아니라 단순한 사고 활동으로서의 이성에 의하여 희석된 즙만이 흐른다. 하지만 인간의 다양한 힘을 고려하면서 그의 온전한 인간다움을 역사적·심리학적으로 다루어보면 인식의 설명과 그것의 개념도 '의욕하고 느끼고 표상하는' 이러한 본질에 근거를 두고 있다.[42]

그런데 제1권을 쓰던 1883년경 딜타이는 상대주의 극복이라는 문제의식에도 불구하고 여전히 심리주의와 상대주의에 머물러 있었다. 그에게는 당장 인식 주체와는 구별되는 '의욕하고 느끼고 표상하는' 인간의 삶 자체에 접근하는 게 우선 과제였기 때문이다. 딜타이 연구자들은 그가 여전히 심리주의나 상대주의의 영향을 크게 받은 이유로, 당시까지는 해석학에 대한 구상이 완전히 갖춰지지 않았다는 것을 든다.

이 때문에 딜타이 철학을 심리주의적인 전기 사상과 해석학적인 후기 사상으로 나누기도 한다.

그러나 이미 제1권이 나왔던 1883년, 그의 나이 50세 때 역사이성 비판의 기본 구도는 형태를 갖춰가고 있었다. 딜타이는 '나'의 철학적인 사색에서 언제나 지배적인 충동은 삶을 순수하게 그 자체로 이해하는 것[43]이라고 생각하고 있었다. 여기서 삶은 나의 삶, 개인적 삶이다. 그렇다고 이 삶이 사회나 역사와 고립되어 있는 것은 아니다. 그렇게 되면 딜타이는 다시 칸트로 돌아가게 된다.

그 삶은 공동체 속의 삶이면서 동시에 역사 속의 삶이다. 개인적 삶은 오히려 이러한 공동체와 역사의 교차점으로서 의미를 갖는다. 딜타이가 니체와 달리 역사나 사회에 대한 관심을 필수적인 것으로 보았던 것도 이 때문이다. 그의 이 같은 생각은 제1권의 제목 '정신과학 입문—사회와 역사 연구를 위한 정초의 시도'에서 단적으로 드러난다. 그는 심리학이나 인간학이 아닌, 사회학과 역사학의 정립을 시도했던 것이다.

역사이성 비판을 위한 그의 기획은 다시 칸트를 모방한다. 칸트가 이성의 범주들을 찾아내 순수이성의 가능 근거를 확실한 기반 위에 올려놓으려 했듯이 딜타이는 역사이성의 가능 근거를 발견하기 위해 삶의 범주를 찾아나선다. 그것은 인간의 역사를 가능하게 해주는 것, 다시 말해 인간에게 들어 있는 창조적인 능력을 찾겠다는 것이다.

4. 딜타이 《전집》 제7권의 개요

그러나 《전집》 제1권은 여러 가지 한계를 보였다. 역사이성 비판의 기획이 원래 의도했던 성과를 얻지 못했던 것이다. 때문에 속편을 예고했으나 결국은 실패하고 말았다.

형이상학적 사변을 피하면서 자연과학과는 독립된 의미에서의 정신과학적 방법론을 세우겠다는 딜타이의 야심은 '경험' 개념의 장벽에 부딪혔다. 경험주의나 실증주의에서 말하는 경험이란 너무나 얄팍한 개념이었다. 그렇다고 관념론의 이성 개념에 기댈 수도 없었다.

여기서 그는 '체험'이라는 개념을 개발한다. 그는 삶을 형성과 흐름이라고 보았다. 쉼 없는 흐름이 곧 삶이라는 것이다. 그러나 이렇게 되면 삶에 다가가는 것 자체가 불가능해지는 역설이 성립한다. 그는 삶을 쉼 없는 흐름인 동시에 하나의 통일된 구조를 가진 것으로 보았다. 즉 삶의 흐름은 파악이 전혀 불가능한 것이 아니라 일정한 통일성을 갖고 있다는 것이다. 그리고 그 단위가 되는 통일성을 체험이라고 불렀다. 체험 개념은 이번에 번역 소개되는 부분에 처음 나온다. 체험이란 하나의 통일성을 뜻하는데, 그 부분들이 하나의 보편적인 의미를 통해 결합되는 그러한 통일성이다.[44] 동시에 체험은 의미를 갖는 단위이기도 하다.

체험 개념의 발견과 함께 딜타이의 기획은 일대 전환을 겪게 된다. 그런 전환, 즉 해석학적 전환의 전모를 담고 있는 것이《전집》제7권《정신과학에서 역사적 세계 구축》이다. 연구자들이 딜타이의 역사이성 비판 기획과 관련해 특히《전집》제1, 5, 7권을 중시하는 것도 이런 맥락에서다.

그러면 딜타이 해석학의 완성판이라 할 수 있는 제7권은 어떻게 구성되어 있는가?

먼저 제7권의 제목 '정신과학에서 역사적 세계 구축'부터 살펴보자. 이것은 역사적 세계가 바로 정신과학의 대상 영역임을 암시하고 있다. 자연과학의 대상이 자연 세계이듯 말이다. 그런데 자연 세계는 주어지는 것인 데 반해 정신적 세계는 구축되는 것임을 시사한다. 그러면 이해를 돕기 위해 먼저 목차부터 살펴보자.

제1부 정신과학의 정초를 위한 몇 가지 연구

　제1연구 심리적 구조연관

　　1. 정초의 과제, 방법, 순서 배열

　　2. 기술(記述)을 위한 예비 개념들

　제2연구 앎의 구조연관

　　1. 대상적 파악

딜타이《전집》은 생전에 나온 것이 아니라 후대에 편찬되었기 때문에 완결본이 아니다. 그러나 이 목차를 훑어보는 것만으로도 그가 어떤 구상을 갖고 있었는지는 알 수 있다.

제1부 '정신과학의 정초를 위한 몇 가지 연구'는 개괄적인 수준에서 정신과학의 인식론적 근거를 확립하려는 시도이다. 그는 서두에서부터 인간적-역사적 세계, 즉 정신적 세계는 자신의 외부에 있는 현실의 모사(模寫)가 아니라고 선언한다. 왜냐하면 인식은 직관, 이해, 개념적 파악 등과 같은 인간의 인식 능력을 거쳐야만 가능하기 때문이다.

칸트의 경우 주체와 객체 가운데 객체는 자연이었기 때문에 주체 내부의 구조를 분석하는 것만으로도 인식론을 완성할 수 있었다. 반면 딜타이의 경우에는 주체뿐만 아니라 객체에 대해서도 그에 못지않은 분석을 해야 했다. 객체 또한 그냥 주어지는 것이 아니라 삶을 가진 정신적 세계이기 때문이다.

그런데 통상적으로 인간에 대한 접근은 심리학의 과제로 간주되어왔다. 특히 딜타이의 시대는 내관에 의한 심리학이 절정에 이를 때였다. 딜타이는 초기와 달리 후기에 오면서 이 같은 심리학 또는 심리주의와 확연하게 거리를 둔다.

(1) 심리적 구조연관 파악을 위한 예비 개념들

제1연구 '심리적 구조연관'은 주관적이고 내재적이며 목적론적인 성격을 갖는다고 딜타이는 말한다. 이는 이미 심리학과는 전혀 다른 것이다. 딜타이는 이런 심리적 구조연관을 파악하기 위한 예비 개념으로 심적 구조, 심적 구조의 파악, 구조적 통일성들, 구조연관, 구조적 관계의 종류들 등을 다룬다.

ㄱ. 심적 구조

딜타이는 자신이 말하는 심적 구조란 발전된 정신 생활 속에서 서로 다른 속성을 갖는 심적인 사실들이 내적으로 체험 가능한 관계에 의해 규칙적으로 서로 연결되는 배열 질서라고 정의한다. 그리고 이처럼 서로 관련된 사실들은 모두 구조연관의 일부이다.

ㄴ. 심적 구조의 파악

심적 구조가 자연 사실과 구별되는 결정적인 계기는 '내적으로 체험 가능한 관계'의 존재 여부이다. 정신과학이 드러내고자 하는 것도 결국은 이 '내적 관계'이다. 딜타이는 어떤 특정한 체험과 그에 상응하는 심적인 것의 표현 간의 관계의 필연성은 직접적으로 체험된다고 말한다. 심적 구조에 대한 파악이 가능한 것은 그 때문이다.

ㄷ. 구조적 통일성들

모든 체험은 각각 하나의 내용을 갖고 있다. 그 내용에 대한 분석을 통해 딜타이는 '체험이 구조적 통일성'을 갖는다는 사실을 입증한다. 딜타이가 든 예다.

나는 하나의 색을 알아차리고, 그것에 대해 판단하며, 그 색은 나를 즐겁게 하고, 나는 그것이 계속 내 앞에 있어주기를 열망한다. 이런 표현들을 써서 나는 체험 안에 있는 이러한 내용성과 관계되는 다양한 태도 방식들을 그려낸다. 그리고 색에 대해서와 똑같은 판단의 태도가 다른 대상들과도 관계를 맺는다. 그래서 태도의 방식들이 내용들의 현전을 결정하는 것도 아니고 내용들이 태도 방식들의 나타남을 결정하는 것도 아니다. 그래서 우리는 당연히 체험의 이 두 구성 부분을 분리해낸다. 그리고 동시에 우리는 체험 속에 있는 그것이 하나의 구조적 통일성과 연결되어 있다는 것을 알게 된다. 왜냐하면 행위와 내용 사이에는 태도에 근거를 둔 하나의 관계가 들어 있기 때문이다. 우리는 그 관계를 내적 관계라고 부른다. 왜냐하면 그것은 체험 가능하며 동시에 태도의 일정한 규칙성에 근거를 두고 있기 때문이다. 이렇게 해서 체험들은 구조적 통일성임이 입증되고 그로부터 정신적 삶의 구조가 구축된다.

ㄹ. 구조연관

체험을 구조적 통일성으로 정의한 딜타이는 이제 이런 구조적 통일성들 간의 관계에 주목한다. 그리고 내적 관계를 이루는 태도 방식들은 서로 관계를 형성하며 하나의 결합된 전체를 구성한다. 그는 이를 구조적이고 정신적인 연관이라고 부른다.

ㅁ. 구조적 관계의 종류들

내용적인 것의 다양성은 무한정하다. 그것은 태도의 무한성으로 이어진다. 그럼에도 불구하고 태도의 다양성에 질서를 부여해주는 원칙이 있다. 그것은 바로 이 내적인 또는 구조적인 관계의 종류에 따라 나뉜다. 결국 중요한 것은 이 원칙을 주어진 심적 사태에 적용하는 것이다.

(2) 정신과학의 한계 설정

이제 딜타이는 대상 쪽에서 앎으로 옮겨온다. 여기서 그는 표상, 판단, 감정, 갈망, 의욕 등 인간의 다양한 기능들이 서로 맺고 있는 관계들을 정립해간다. 이 부분에 대한 상세한 논의는 제2부 '정신과학에서 역사적 세계 구축'과 제3부 '정신과학에서 역사적 세계 구축으로 나아가기 위한 계획'에서 반복되므로 이후에 상세하게 다루겠다.

제2부는 주로 정신과학적 대상으로서의 정신적 세계 구축에, 제3부는 정신과학적 이해에 초점을 맞추고 있다. 인식론적으로 이야기하자면 제2부는 인식 대상에, 제3부는 인식 주체에 초점을 맞추고 있다고 할 수 있다.

여기서는 제2부 전체와 제3부의 후반부만을 정리하겠다. 제3부의 전반부가 이번에 번역된 본문이기 때문이다.

딜타이가 정신과학들의 한계를 설정하려고 하는 의도는 자연과학과의 대비를 명확히 하기 위해서다. 그런데 정신과학들의 정초가 있은 후에 개별 정신과학들이 생겨난 것이 아니다. 이미 자연과학과 더불어 자연스럽게 삶 자체의 과제에서 다양한 학문들이 생겨났다. 그리고 그 학문들(딜타이가 말하는 정신과학들)은 대상의 공통성을 통해 서로 관련되어 있었다. 거기에는 역사학, 국민경제학, 법학, 국가학(오늘날의 정치학), 종교학, 문학 연구, 음악, 철학적인 세계관과 체계들에 관한 연구, 끝으로 심리학 등이 포함된다. 이 학문들은 모두 '인류'와 관련을 맺고 있다.

그러나 딜타이는 심적인 것과 물적인 것의 이분법을 통한 정신과학과 자연과학의 구분에는 동의하지 않는다. 우리 자신이 자연이거니와 자연은 우리 안에서 무의식적으로 깊은 충동의 형태로 영향을 미친다. 오히려 그는 심적인 것과 물적인 것의 교호(交互) 작용이야말로 훌륭한 정신과학의 대상이라고 본다.

결국 딜타이는 정신과학의 한계를 설정하는 작업은 '인류'를 명확히 규정하는 일과 자연과학과의 경계를 명확히 하는 일이라고 결론짓는다.

(3) 자연과학과 정신과학에서 구축의 차이

16세기 후반 이래 유럽에서는 형이상학과 신학의 지배에서 벗어난 독립적인 경험과학들이 급속하게 발전했다. 그 발전의 강도는 기원전 3세기 이래 300년 동안 그리스인들에 의해 이루어진 과학 발전의 강도보다 훨씬 높았다. 그리스 시대에도 수학, 역학, 천문학, 수리지리학 등이 논리학과 형이상학의 사슬에서 해방되었다. 그렇지만 당시에는 아직도 귀납과 실험이 자신의 자리를 확보하지 못한 상태였다. 기계를 이용한 노동, 발명, 실험 등은 근대에 이르러 힘을 얻었으며 그것들은 수학적인 구성과 연결되었다. 이렇게 해서 자연에 관한 현실적인 분석이 나왔다. 그리고 17세기 초 케플러, 갈릴레오, 베이컨, 데카르트 등의 공헌에 의해 법칙에 따른 자연 질서의 인식으로서의 수리적인 자연과학이 탄생했다. 이것들의 구축은 그 대상인 자연이 어떻게 주어지는가 하는 방식에 의해 규정된다.

반면 딜타이는 정신과학에서는 볼프, 훔볼트, 니부어 Barthold G. Niebuhr, 아이히호른Johann G. Eichhorn, 자비니 Friedrich K. von Savigny, 헤겔, 슐라이어마허, 야코프 그림Jacob Grimm 등과 같은 쟁쟁한 학자들이 정신과학을 위한 기초를 놓았다고 말한다. 그들의 위대한 점은 정신과학들을 역사적·사회적 사실성 위에 세웠다는 데 있다. 결국 딜타이는 18세기에 이루어진 정신과학에서의 이런 풍부한 성과들을 바탕으로 자신의 정신과학에 관한 학문론을 정립하겠다는 것이다. 그 가장 큰 성과를 딜타이는 역사의 개별적인 부분들에 대한 보편사적 파악이라고 말한다. 《전집》 제7권의 목차를 다시 한번 보라. 체험에서 출발해 자서전이나 전기를 거쳐 시대사로 나아간 다음, 최종적으로 이르게 되는 마지막 연관이 보편적·역사적 연관이라는 사실도 이런 맥락에서 주목할 필요가 있다. 끝에 이르렀다고 생각했기 때문에 체계화를 시도할 수 있었던 것이다. 그는 사실 랑케식의 역사주의를 비판할 때도 역사학파(또는 역사주의)는 보편사와 아무런 관계도 없다고 말한다. 그만큼 보편사적 전망의 획득은 그가 자랑스러워했던 부분이다. 그래서 우리는 자연과학과 수학이 칸트에게 순수이성의 가능 근거를 마련할 수 있는 원천이었던 것처럼 보편사적 전망이 딜타이에게 역사이성의 가능 근거를 마련하겠다는 포부를 제공했다고 볼 수 있다.

잠깐 옆으로 새는 이야기가 되겠지만, 딜타이는 이와 같은 보편적 전망이 독일 학자들에 의해 이루어졌다는 데 대단한 자부심을 갖고 있었고 이를 《전집》 제7권에서도 당당하게 표시한다. 우선 열거한 인물들이 전부 독일 학자들이라는 점에서 그러하다. 18세기는 정신과학들의 새로운 시대를 위한 문턱에 있었다. 정신과학들이 볼테르와 몽테스키외, 흄, 기번에서 출발해 칸트, 헤르더, 피히테를 거쳐 드디어 자연과학과 어깨를 나란히 하는 위대한 시대가 열린 것이다. 독일은 이런 학문들의 (자연과학에 이은) 두 번째 구성이 무엇보다 활발하게 이루어진 무대였다. 내면으로만 파고들었던 이나라가 종교개혁 때부터 유럽의 과거, 그리스 문화, 로마의 법 체계, 근원적인 그리스도교 정신 등과 같은 여러 힘들을 손아귀에 넣었다. 이에 대한 딜타이의 자부심은 대단하며 이런 자부심은 은연중에 하이데거를 거쳐 가다머에게까지 이어지게 된다. 물론 이로 인해 그는 '극우', '제국주의 철학자'(루카치)라는 비판을 받게 되기도 한다.

(4) 정신과학의 연관에 관한 일반적인 명제들

'대상적 파악'은 그 안에 지각들, 체험들, 기억된 표상들, 판단들, 개념들이 포함되는 관계들의 체계를 형성한다. 이런 대상적 파악 안에서의 개별적인 체험들은 심적 연관에 의해 규정되는 한, 전체의 구성 부분들이다. 이런 심적 연관에서 실재성의 객관적 인식은 가치와 합목적적인 행동의 올바른 설정을 위한 조건이다.

대상적 파악의 첫 번째 기능은 주어진 것 안에 포함된 것을 명확한 의식의 단계로 끌어올리는 것이다. 그래서 우리는 가장 먼저 같은 점, 차이점 등을 식별하는 비교 작업을 시작한다. 이어 공통점과 차이점을 추려내 추상화의 단계로 들어가고 다시 논증적 사고의 단계로 나아간다. 결국 직관, 기억, 총체적 표상, 이름 부여, 판단, 특수자를 보편자에 포섭시키기, 부분들을 전체와 연결 짓기 등은 모두 파악의 방식들이 된다.

이제 '정신과학의 구조'를 살펴보자. 정신과학이 일부 자연 과학으로부터 영향을 받은 것은 사실이다. 비교 방법은 생물학에서 생겨났고 천문학과 생리학이 발전시킨 실험의 방법은 심리학, 미학, 교육학에 영향을 미쳤다. 그럼에도 불구하고 정신과학의 처리 방식(방법)의 연관은 이미 출발부터 자연과학의 그것과는 구별되었다. 그 출발점은 '정신과학은 삶이 삶을 이해하는 것'이다. 그래서 정신과학의 발전은 (삶의) 체험의 심화에 달려 있으며 동시에 정신의 객관화에 대한 이해의 확산에 의해 제약당한다. 이는 자연과학에서는 전혀 불가능한 것들이다.

대략 이런 정도의 기초 개념과 정신과학에 대한 소개만으로도 본문을 연결하여 읽어가는 데 큰 어려움은 없을 것으로 보인다.

(5) 보편사와의 연관

딜타이의 구상은 명확하다. 체험, 표현, 이해의 도식은 개인적 단위로 이루어지는 삶의 이해다. 그것이 개별 작품에 대한 것이건 전기나 자서전에 대한 것이건 간에, 각종 이해의 동심원의 중심에는 늘 개인 또는 자기성이 있다. 그러나 여기서 그친다면 그것은 여전히 심리학이나 인간학의 범위를 벗어나지 못하는 것이다.

이제 그는 개인의 범위 밖에 있는 것, 즉 공동체와 역사로 나아가기를 원한다. 부분과 전체의 해석학적 순환 관계와 의의-의미 관계는 여기서도 그대로 적용된다. 중층적 단계를 거치겠지만 결국 최종적인 의의 부여의 연관은 보편사이다. 개인의 의의란 결국 보편사에 비추어 부여받게 되는 것이다.

개인과 보편사 사이에 존재하는 다양한 매개항들로서 그는 시대, 민족, 종교, 문화 체계 등을 제시한다. 그러나 보편사에 대한 강조가 개인의 누락으로 이어지지 않는다는 점에서 그는 여전히 역사학자가 아니라 철학자이다.

5. '체험·표현·이해'의 해석학

(1) 자기 체험과 자서전

우선 딜타이는 자기 체험과 그 표현으로서 자서전 문제를 다룬다. 무엇보다 삶은 시간 속에 있다. 그래서 그는 시간성을 '삶의 첫 번째 범주적인 규정'이라고 말한다. 그런데 칸트의 시간과 딜타이의 시간은 다르다. 칸트가 말하는 시간의 개념은 최종적으로 완성되는 시간의 체험을 잡아내기는 하지만 그런 체험을 빚어내지는 않는다. 칸트가 받아들인 뉴턴적 시간 개념은 양적인 시간이다. 질이나 내용은 전부 제거된 형식적인 시간이다. 그래서 과거의 1초와 현재의 1초와 미래의 1초는 똑같은 것으로 인식된다.

반면 딜타이는 '체험으로 알아차림, 실재성: 시간'에서, 시간은, 현재적인 것이 계속해서 과거가 되고 미래적인 것이 현재가 되는, 현재의 쉼 없이 앞으로 나아감으로 경험된다고 말한다. 현재란 하나의 시간 계기를 실재성으로 충족시키는 것이다. 또 현재는 과거에 대한 회상이나 소망, 기대, 희망, 두려움, 의욕 등에서 생겨나는 미래적인 것에 대한 표상들과 대립되는 실재성들이다. 이때의 시간에 담기는 질 또는 내용들은 다름 아닌 실재성의 체험이며 이해의 대상이 된다.

그런데 앞서 살펴본 바와 같이 시간은 무조건 흐르기만 하는 것이 아니다. 인간에게는 기억이라는 기능이 있기 때문이다. 그래서 현재라는 순간은 의식하는 순간 지나가버린 과거가 되고 말지만, 현재성을 매개로 한 기억은 일정한 틀을 형성하게 된다. 딜타이는 이 같은 현재에서의 통일성을 가장 작은 통일성으로서의 체험이라고 불렀다.

체험은 경험처럼 누구나 동일하게 겪는 것이 아니다. 저마다 다를 수밖에 없다. 그러면서 동시에 이런 체험들이 서로 내적인 연관을 맺게 되면 '누구누구의 삶'을 형성한다. 딜타이가 삶을 하나의 구조연관으로 보는 것도 이 때문이다. 그런 구조연관이 없다면 삶은 체험의 무차별적인 통과 지점에 불과하고 '생애'라는 것 자체가 성립될 수 없다.

이렇게 해서 우리는 삶과 마주하게 된다. 그렇다고 우리가 자연과학자들이 대상과 마주치듯 그렇게 삶과 마주 서게 되는 것은 아니다. 우리는 다른 삶과 마주 서야 하는데 그 결정적인 방법이 바로 타인의 자서전과 마주 서는 것이다. 자서전은 자신의 삶에 관한 성찰의 가장 직접적인 표현이기 때문이다. 여기서 그는 아우구스티누스, 루소, 괴테 등의 자서전에 대한 이해를 실례로 보여준다. 이렇게 해서 우리는 나 이외에 또 하나의 독립된 삶과 온전하게 마주하게 된다.

여기서 딜타이의 자서전에 대한 독특한 시각이 나온다. 통상적으로 타인의 자서전 읽기는 자기 성찰의 재료로 사용되는 데 그친다. 그러나 자서전을 읽는 사람이 정신과학자라면 달라야 한다. 딜타이에게 자서전은 역사적 세계, 정신적 세계로 들어가는 통로이다. 드디어 우리는 여기서 일체의 역사적 파악의 뿌리에 접근하게 된다. 자서전이란 단지 한 인간의 개인적인 생애를 뛰어넘어, 작가적인 표현을 동원하여 이룩한 자기 성찰이다. 그는 역사적으로 보지 않고서는 진정한 자서전을 쓸 수 없다고 말한다. 자신을 낯선 실존에 내맡겨 자신의 자아를 그 안에서 잃어버리고자 하는 무한한 욕구와 자기 성찰이 결합할 때 위대한 역사가가 탄생하게 된다.

(2) 타자의 삶의 이해

이제 딜타이는 폭을 넓혀 더욱 다양한 삶의 표출들에 대한 이해로 나아간다. 삶의 표출들은 어떤 형태로든 정신적인 것의 표현이기 때문에 우리가 정신적인 것을 인식할 수 있게 해준다.

그는 이해의 종류를 기준으로 삶의 표출들을 세 가지로 나눈다. 첫째가 개념, 판단, 추리다. 이런 표출들의 '누가, 언제, 어디서'는 문제가 되지 않는다. 사고 내용의 타당성만이 중요하며, 그것을 표현하는 사람의 판단과 그것을 이해하는 사람의 판단은 동일하다. 동시에 개념이나 판단, 추리 등은 삶의 고유한 특수성이나 깊이에 관해 전해주는 바가 전혀 없다.

두 번째는 행위들이다. 행위는 다음에 나올 체험 표현과 판단의 중간쯤이다. 즉 삶의 내면이 전혀 묻어나지 않는 것은 아니지만 그렇다고 행위 전부를 삶의 내면의 표출로 보는 데는 무리가 따른다.

제일 중요한 것은 체험 표현이다. 체험 표현은 (판단이나 추리처럼) 참과 거짓이라는 판단의 대상이 아니라 진실한가 그렇지 않은가를 판별해야 할 대상이다. 그래서 그것을 이해하기 위해서는 늘 거기에 위조나 위장, 기만 등이 있지나 않은지 신경써야 한다.

이제 이해로 나아가야 할 차례. 여기서 딜타이는 요소적인 형식의 이해와 고차적인 형식의 이해를 나눠서 다룬다.

요소적 형식의 이해란 개개의 삶의 표현에 대한 통일적인 해석이다. 이를 그는 철자를 통해 비유한다. 철자에서 단어, 문장, 문단, 절, 장, 책 전체로 나아가는 이해의 절차에 비유한 것이다. 예를 들어 망치를 들어 내려치는 행위에 대한 이해가 그런 경우다. 못을 박겠다는 목적을 배제하면 그 행위는 이해될 수 없다. 그것을 보면 우리는 그 행위에 어떤 목적이 관련을 맺고 있음을 이해하게 된다.

그리고 이런 요소적 형식의 이해는 자연스럽게 더욱 고차적인 형식으로 나아간다. 이해의 체험에서 어떤 내적인 어려움 또는 이미 알고 있던 것과의 상충이나 모순 등이 생길 경우 이해하는 자는 시험에 들게 된다. 그리고 이런 어려움에서 벗어나기 위해 어떤 결정을 내려야 할 경우 또 다른 삶의 표현들을 끌어들이거나 문제된 것을 전체적인 삶의 연관으로 환원시켜야 한다. 그것은 새로운 단계의 이해로 나아가는 것이다. 즉 이해의 수준이 높아지는 것이다.

그런데 이런 고차적인 이해를 하는 데 있어 우리는 일정한 틀을 발견하게 된다. 이를 딜타이는 역지사지, 모방, 추체험이라고 말한다. 이해는 그 자체에 있어 작용 과정 자체와 반대되는 작용이다. 이런 추체험의 완성으로 해석이 이루어진다.

그러면 추체험, 해석, 이해는 아무나 할 수 있는가, 그리고 누가 하느냐에 관계없이 이해 내용은 동일한가? 결코 그렇지 않다. 이해가 특별한 개인적 천재성에 바탕을 두고 있다는 사실은 낯선 것과 지나간 것의 모방과 추체험에서 얼마나 분명하게 드러나는가! 여기에 고민이 있다. 분명 역사적 학문의 토대로서의 이해는 개인적 천재성에 크게 의존한다. 그렇게 되면 학문은 개인의 재능이나 천재성에 의존하게 되는 문제가 생겨난다.

딜타이는 이런 난점을 해결해주는 것이 해석학이라고 말한다. 해석학은 이제 정신과학이 새로운 의의 있는 과제임을 입증해주는 연관 속에서 등장한다. 해석학은 항상 역사적 회의와 주관적 자의에 맞서 이해의 확실성을 방어한다.

실은 바로 이 부분에서 딜타이는 자신의 해석학을 좀 더 체계적이고 상세하게 정리했어야 했다. 그러나 아쉽게도 군데군데 나타난 '?' 기호가 보여주듯 스스로도 완벽한 수준에 이르지 못하고 모색 단계에 있었다. 특히 아주 짤막하게 정리된 '보론' 부분은 해석학의 체계화 작업이 충분하지 못함을 단적으로 보여준다. 말 그대로 초고(草稿)의 모습을 그대로 담고 있다.

(3) 삶의 범주들

그러면 우리는 삶에 대한 해석학적 이해를 어떻게 수행할 수 있는가? 이 물음에 답하기 위해 딜타이는 구체적으로 삶, 체험, 이해 속에서 파악된 지속, 의의, 구조, 유의의성, 가치, 전체와 부분들, 발전, 본질 등의 범주를 제시한다. 이 또한 초고 수준이다. 그래서 자신이 생각할 때 중요하다고 본 것들을 열거한 것이지 그것들이 서로간에 갖는 위계질서랄까 네트워크에 대해서는 아무런 언급이 없다. 물론 그것은 삶 자체의 성격으로 인해 불가능한 것일 수도 있다.

다만 여기서 한 가지 지적해두고 싶은 것은, 흔히 딜타이를 '삶의 철학'의 창시자라고 일컫는 이유가 바로 이 대목과 연결되어 있다는 사실이다. 만일 딜타이가 이 방향으로 더욱 밀고 나갔더라면 해석학의 기초를 다진 철학자보다 삶의 철학자로서 더욱 명성을 날릴 수 있었을지 모른다.

6. 딜타이가 남긴 영향

앞서 이야기한 바와 같이 막스 베버, 게오르크 지멜, 빌헬름 딜타이 모두 '학파'를 만들지 못했다. 이른바 '~주의자'라고 붙일 만한 열렬한 추종자 그룹도 없다. 그것은 그들의 학문이 위대하지 않아서라기보다는 학문하는 그들의 성격 때문이다.

그들은 쉽게 말해 '형성해가는 학자'들이었다. 예를 들어 헤겔이나 마르크스와 비교해보자. 헤겔은 기존의 철학 체계를 물려받아 독일 관념론 '체계'를 완성했다. 완결된 성과물로서의 체계가 존재했던 것이다. 그러므로 일단 헤겔 철학을 자신의 기본 교의로 수용할 것인지 말 것인지가 선행되었다. 즉 헤겔 철학의 전반적 수용을 바탕으로 강조점을 달리함으로써 청년헤겔학파와 노년헤겔학파가 나누어지는 일이 가능했다. 이 점은 마르크스도 마찬가지였다. 그러나 헤겔이나 마르크스는 거대한 체계 구축에는 결국 성공했지만 그것은 폐쇄된 체계나 다름 없었다. 이렇게 되면 후대의 학자들에게는 그들과 더불어 열린 마음으로 현실과 싸우게 되는 것이 아니라, 헤겔의 현실관 또는 마르크스의 현실관을 수용할 것인지 말 것인지가 마치 개종의 문제처럼 다가온다.

그러나 베버, 지멜, 딜타이 모두 그들과는 정반대였다. 우리는 앞서 딜타이가 미완의 상태로 자신의 사색을 여기저기 중단한 채로 내버려둔 현장을 지켜본 바 있다. 그것은 그의 한계임과 동시에 그의 열려 있음의 표징이기도 하다.

이런 점을 전제하고 딜타이가 20세기에 미친 영향을 간략하게 정리해보자.

첫째, 딜타이의 학문을 정통으로 계승한 인물 가운데는 게오르크 미쉬Georg Misch가 독보적이다. 《삶의 철학과 현상학 *Lebensphilosophie und Phänomenologie*》이라는 책을 통해 하이데거와 후설이 이름을 날리던 1960년대와 1970년대 독일 철학계에서 딜타이를 적극 방어하기도 했던 그는 동시에 양자의 결합을 시도하려 했던 학자로 평가받는다. 그의 저서 가운데 《빌헬름 딜타이의 생애와 사상 *Vom Leben und Gedankenkreis*

Wilhelm Diltheys》도 있다. 미쉬의 책은 국내에는 소개되어 있지 않다. 딜타이의 학풍을 비교적 많이 계승한 학자로는 교육철학자이며 국내에도 그의 책들이 다수 번역되어 있는 오토 볼노프Otto Bollnow를 들 수 있다. 창의적이지는 않았지만 삶의 철학이라는 관점에서 딜타이의 사상을 일목요연하게 정리했다는 평을 받고 있다.

둘째, 딜타이의 철학 가운데 특히 해석학 부분을 계승해 구체적인 인식론과 방법론 분야로 확장한 인물로는 에밀리오 베티를 들 수 있다. 블레이처는, 베티가 자신의 후기 저작에 이르기까지도 자기 이론의 기초를 마련해주었던 딜타이의 저작에 남아 있는 심리주의적 잔재를 헤겔의 주제들로 되돌아감으로써, 또한 후설과 신칸트학파의 사상, 특히 하르트만Nicolai Hartmann에 의거함으로써 극복하려 했다. 베티로 인해 그 이전까지는 다소 주관주의의 위험성을 갖고 있다고 간주되었던 이해의 개념이 상당히 조직적으로 훈련된 의미에서의 이해로 탈바꿈했다. 베티의 대표작《정신과학의 일반적 방법론으로서의 해석학*Die Hermeneutik als allgemeine Methotik der Geisteswissenschaften*》은 제목 자체가 이미 그의 작업 내용을 시사한다.

셋째, 딜타이를 창조적으로 응용한 경우로 하이데거부터 하버마스까지 20세기 해석학자들의 거의 전부가 여기에 해당된다. 예를 들어, 하이데거의《존재와 시간*Sein und Zeit*》의 전반부는 특히 난해하다는 평을 받고 있으나 이번에 번역한 딜타이의 "체험·표현·이해"를 숙독하고 나서 다시 도전해본다면 '이거, 완전히 딜타이의 응용에 불과하잖아!'라는 느낌을 받을 것이다. 실제로 하이데거 자신은 정신과학에 자연과학 못지않은 학문성을 부여한 딜타이의 성과를 수차례에 걸쳐 높이 평가했다. 따라서 하이데거가 개척했다고 평가받는 현대의 '해석학적 현상학'은 실은 후설의 현상학과 딜타이의 해석학이 하이데거라고 하는 독창적인 사상가에서 합류한 것이라고 보면 될 것이다.

넷째, 사회학 쪽에 미친 그의 영향을 지적하는 학자들도 있다. 실제로 딜타이는 개인의 다음 단계에 속할 고차원적인 의미연관으로서 역사뿐만 아니라 공동체나 사회에도 주목했다. 그러나 역사와 사회 사이에서 방황하던 그는 결국 역사 쪽을 선택하게 된다. 이로 인해 그는 늘 인간의 역사성, 사회의 역사성, 지식의 역사성에 관심을 쏟았다. 반면 사회에 대해서는 그리 큰 기여를 하지 못했다.

그럼에도 불구하고 이미 딜타이는 문화 체계, 조직 체계, 구조, 기능, 적응 등의 개념을 선구적으로 사용함으로써 미국 구조 기능주의 사회학의 아버지 탈콧 파슨스Talcott Parsons에게도 결정적인 영향을 주었고, 베버 또한 의미 이해에 대한 신칸트주의적 해석을 택함으로써 해석학에서는 멀어졌지만 딜타이의 역사적 정신과학에서 많은 영향을 받았다.

오늘날의 역사학은 사회학의 방법론을 필요로 하고 있고 사회학에서는 역사학의 전망이 결여되어 있다. 그래서 미국 학계를 중심으로 역사학과 사회학의 만남을 모색하는 지적 운동이 한때 전개되기도 했다. 그러나 이미 분화될 만큼 분화된 역사학과 사회학이 다시 만난다는 것은 극히 어색한 조합일 수밖에 없다. 특히 전혀 다른 사회학적 사실과 역사학적 사실, 그에 따른 개념 구성, 세계를 바라보는 공시적 관점과 통시적 관점의 차이는 무엇으로도 메울 수 없는 것이다.

만일 진정 역사와 사회가 한데 얽힌 현상에 대한 학문적 접근을 원한다면 우리는 딜타이로 돌아가야 할 것이다. 그것은 삶으로 거슬러 올라가는 것과 같다. 삶은 공동체 속의 삶이면서 역사 속의 삶이기 때문이다. 그러나 역사학은 역사학대로, 사회학은 사회학대로 방향을 잃고 있는 상황에서 양자의 결합을 운운한다는 것이 참으로 막연하다. 한국 사회가 딜타이를 수용하기에는 아직도 많은 시간이 흘러야 할 것 같은 예감이 드는 것도 이 때문이다.

1 가다머Hans-Georg Gadamer(1900~2002)는 카를 뢰비트Karl
   Löwith와 함께 마르틴 하이데거Martin Heidegger의 양대 제자로
   서, 1960년 자신의《진리와 방법 Wahrheit und Methode》을 내놓으면
   서 일약 세계적인 철학자의 대열에 올랐다. 원래는 플라톤의 대화
   를 중심으로 한 고대부터 헤겔에 이르는 전통 철학의 주요 핵심을
   소화하면서 자신의 철학적 해석학으로 나아갔다. 1937년 마르부르
   크 대학 교수가 된 이래 라이프치히 대학, 프랑크푸르트 대학을 거
   쳐 전후인 1949년 하이델베르크 대학의 재건에 혼신의 힘을 쏟았
   다.
   에밀리오 베티Emilio Betti와의 해석학 논쟁은 '이해의 객관성'에
   관한 찬반 논란으로 가다머는 일관되게 객관적 이해란 불가능하다
   는 입장을 견지했다. 이어 1960년대 말에는 위르겐 하버마스Jürgen
   Habermas와 '전통과 권위'의 문제로 논쟁을 벌여 다시 한번 자신의
   해석학을 지켜냈다. 은퇴 후에도 철학사를 알기 쉽게 소개한 텔레
   비전 프로그램 제작에 관여하는 등 독일 최고 지성으로서의 위치를
   견고하게 지키다가 102세의 나이로 하이델베르크에서 타계했다.

2 주로 1950년대 독일 학계를 중심으로 활동했던 이탈리아의 해석학

자이다. 독일에서 출판된 그의 대표작《정신과학의 일반적 방법론
으로서의 해석학*Die Hermeneutik als allgemeine Methotik der Geistes-
wissenschaften*》은 독일 학계도 하지 못했던 딜타이 해석학의 완성이
라는 평가를 들었다. 그 밖에도 1955년에 썼던 자신의 저서《해석
의 일반 이론*Teoria generale della interpretazione*》을 직접 독일어로
번역해 출간하기도 했다.

3   '연관Zusammenhang'은 딜타이의 철학하는 태도를 단적으로 보여
주는 그의 고유한 개념이라는 점에서 주목할 만하다. 이것은 단순
한 관계 이상의 것이다. 오히려 관계까지 포함하는 기초 개념이라
고 할 수 있다.

4   주관Subjekt(혹은 주체)은 객관(혹은 객체Objekt)과 짝을 이루는
개념으로 칸트 이후 관념론의 핵심 개념이다. 인간 혹은 자아 쪽을
주관으로, 자연 세계와 정신세계를 포함한 모든 주관 밖에 있는 것
들을 객관으로 보려 했던 독일 철학의 산물이다. 그러나 주관의 핵
심 기능을 인식에 둠으로써 '행동하는 주관 혹은 주체'로서의 인간
의 모습을 배제했다는 비판을 마르크스 이래 20세기까지 계속 받
게 된다. 통상 주객 이분법의 극복이라는 문제는 '인식하는 주관'에
만 중점을 뒀던 19세기식 관념론에 대한 비판의 동기에서 나온 것
이다. 딜타이 또한 정신세계는 인식보다는 이해의 대상이라는 일보
진전된 이론을 개진했음에도 불구하고 여전히 세상을 (바꾸기보다
는) 아는 데에만 초점을 맞춘 철학이었다는 비판을 면하지 못한다.

5   의의연관Bedeutungszusammenhang은 구조연관과 함께 딜타이가
가장 중요하게 여겼던 삶의 범주다. 이에 대해서는 뒤에서 더욱 상
세히 다루고 있다.

6   우선 자기성Selbigkeit이란 풀어서 말하면 '나의 것'이라는 성격을
말한다. 즉 정신은 너의 정신과 나의 정신이 동일할 수 없다. 언제나

나의 정신에서 출발한다. 그러면서도 정신은 고정불변의 것이 아니며 단계적으로 성장해간다. 너, 다른 너, 혹은 문화의 체계에서까지 '나의 정신'을 발견하게 되는 것도 이 같은 정신의 자기성 때문이다.

7   아리스토텔레스는 우리 눈앞에 존재하는 사물은 형상과 질료의 결합이라고 했다. 그 후 칸트에 이르러 현상과 본질의 이분법이 자리잡는데 그에게 있어서 실재하는 것은 현상이 아니라 본질이다. 그 이후 실재성은 현상성과 구분되면서 '진정으로 존재하는 것'을 의미하게 된다. 그리고 딜타이에게 있어서의 실재성에는 특히 실질의 의미가 추가된다. 그리하여 딜타이의 실재성은 외부 세계와의 연계성을 지적하는 개념으로서 자신의 철학이 더 이상 형이상학이 아니라 경험 세계와 연결되어 있음을 보여주는 핵심 개념이 된다.

8   독일어로 '생애'는 'Lebensverlauf'이다. 풀어서 말하면 삶의 진행, 삶의 경과가 된다. 진행이나 경과라는 말은 이미 시간의 흐름을 포함하고 있다.

9   고대부터 중세까지 이어진 아리스토텔레스식의 목적론적 자연과학에서 벗어난, 갈릴레오에서 뉴턴에 이르는 근대 자연과학을 말한다.

10   여기서 딜타이는 자신이 말하는 체험 개념을 정의하고 있다. 그는 자연과학-인식-경험/정신과학-이해-체험이라는 이분법을 철저하게 고수한다. 그런데 한국어로는 체험과 경험이 상호 중첩되기도 하고 약간의 차이를 보이기도 하지만 독일어의 경우에는 상당히 큰 차이를 보인다. '경험Erfahrung'은 좀 더 일반적인 뉘앙스를 갖는 데 반해 '체험Erlebnis'은 삶과 관련된 개별적인 또는 개성적인 경험에 한정해서 사용한다. '체험'을 뜻하는 독일어 동사는 'erleben'이다. 독일어에서 'er-'라는 접두사가 붙으면 그 동사의 의미를 더욱 심화시켜 본질에 이르게 한다는 뜻이 된다. 즉 삶의 본질과 관련해

서 겪게 되는 아주 독특하고 고유한 경험이 체험이 되는 것이다. 리처드 팔머Richard E. Palmer에 따르면 딜타이 이전에 괴테가 복수형으로 'Erlebnisse'라는 표현을 사용한 적이 있긴 하지만 단수형으로 'Erlebnis'에 고도로 특수한 의미를 부여한 것은 딜타이가 처음이다. 영어의 경우에는 'experience'가 경험과 체험 모두를 포괄할 수밖에 없는데 전문가들 사이에서는 체험만을 별도로 가리킬 때에 'lived'를 붙여 사용한다.

11 딜타이 당시만 해도 심리학은 겨우 태동 단계였다. 실험심리학은 아직 생각도 하지 못할 때였고 심리학은 결국 심리학자 자신이 파악한 자신의 내면 구조에 대한 성찰을 바탕으로 이뤄질 수밖에 없었다. 그것은 모든 것을 개인의 심리 상태로 환원시키는 심리주의로 나타났다. 현상학자 에드문트 후설 못지않게 딜타이도 정신과학을 그 같은 심리주의의 하나로 환원시키려는 시도에 반대했다. 흔히 기술(記述)심리학으로 불리던 학문의 방법이 바로 내관 혹은 내성(內省)이었다. 여기서 딜타이는 자신도 한때 관심을 가졌던 기술심리학을 비판하고 있다.

12 우리말에서도 경험과 달리 체험은 감각적 혹은 감성적 혹은 감정적 차원의 용어로 간주되기 쉽다. 그러나 딜타이는 이 같은 점을 경계했다. 체험에 이미 사고 작용들이 포함되어 있음을 지적하는 것도 이 때문이다. 바로 이 점을 그는 체험의 지성적 성격, 즉 지성성 Intellektualität이라고 부른다.

13 딜타이는 이처럼 군데군데 말줄임표를 해놓던가 완성되지 않은 문장을 그대로 써놓았다. 이것은 이 원고가 말 그대로 생생한 창조의 작업임을 보여주는 것이다. 그는 사실상 아무도 가보지 않은 영역을 자신의 사고에만 의존해 파고들었기 때문에 수많은 번민과 고통을 겪어야 했을 것이다. 딜타이의 이런 고민을 독자들에게 전해주

고자 원문 그대로 옮겨놓았다.

14 해석학에서 '낯설기도 하지만 이해할 수도 있는'이라는 표현은 핵
    심적이다. 앞으로 더 구체적으로 설명하겠지만 어떤 것이 전적으로
    낯설기만 하거나 이미 완전하게 이해됐을 경우 해석은 불가능하기
    때문이다. 그래서 늘 해석의 대상은 중간적 성격을 띠게 된다.

15 우리 눈앞에서 작은 돌멩이 하나가 떨어진다고 하자. 그것을 '일어
    남' 혹은 한자어로 '생기(生起)'라고 한다. 반면 그것을 '낙하'라고 부
    르는 순간 하나의 개념으로 보편화 혹은 추상화된다. 일어남이란
    따라서 실제 일어나는 사건 전체를 말한다.

16 딜타이는 의의Bedeutung와 의미Sinn를 엄격하게 구별한다. 따라서
    특별한 경우가 아니면 여기서도 의미와 의의를 최대한 구별해 옮
    겼다.

17 라이프니츠Gottfried W. Leibniz(1646~1716)는 독일의 철학자, 수
    학자, 자연과학자, 법학자, 신학자, 언어학자, 역사가로 분류될 만큼
    다재다능한 천재였다. 대학에서 법률과 철학을 두루 공부한 그는
    한때 외교사절로 파리에서 활동하기도 했으며 이때 영국과 프랑스
    의 뛰어난 수학자와 물리학자들과 교류하면서 자연과학에도 관심
    을 갖게 된다. 특히 그는 수학에서 미적분의 창시자로서 큰 족적을
    남겼다. 대표적인 저서로 《단자론Monadologia》,《변신론Théodicée》
    등이 있다.

18 라이프니츠는 유한한 정신들이 실체라는 생각에서 출발해 개인
    의 정신은 그 자체가 하나의 완전한 독립체라고 주장했다. 이처럼
    독립적으로 존재하는 하나하나의 실체로서의 정신을 그는 단자
    Monade라고 불렀다. 동시에 그의 단자는 각각이 우주 전체를 반영
    한다. 흔히 개인에 관한 철학적 표현으로 해석되기도 한다.

19 작스Hans Sachs(1494~1576)는 독일의 시인이자 극작가로 뉘른베

르크에서 태어났다. 열렬한 신교도로서 루터 복음파를 지지했고 가
톨릭의 폐해를 공격하는 산문과 수많은 종교시를 썼다.

20 뒤러Albrecht Dürer(1471~1528)는 독일 르네상스 시대의 화가이
    다.

21 일상적인 용어로는 유의의성Bedeutsamkeit을 의미라고 봐도 문제
    가 없다. 그러나 딜타이 철학의 맥락에서는 의미와 의의를 명확히
    구분해서 쓰기 때문에 여기서는 유의의성이라고 옮겼다. 전체 속에
    서 부분이 갖는 것이 의의라고 볼 때 '의의 있는'의 명사형인 셈이
    다.

22 동일한 행위일지라도 어떤 장소와 시간에서 일어나느냐에 따라
    그것이 갖는 의미와 의의는 다를 수밖에 없다. 바로 이 점에서 정
    신과학은 자연과학과 구별된다. 자연과학은 장소와 시간을 배제
    함으로써 일반 법칙을 도출해내는 반면 정신과학은 인간의 행위
    가 일어난 장소와 시간에 주목한다. 그런 주목 행위가 바로 국지화
    Lokalisierung이다.

23 독일-오스트리아학파라고도 한다. 독일의 철학자이자 심리학자인
    프란츠 브렌타노Franz Brentano(1838~1917)를 시조로 한다. 19세
    기 후반 독일에서 신칸트주의에 대립한 유력한 학파로, 현상학이
    탄생하는 사상적 원천이 된다.

24 칼라일Thomas Carlyle(1795~1881)은 영국의 비평가이자 역사가
    다. 젊어서 독일문학과 관념론에 심취했지만 역사 쪽으로 방향을
    돌려 1837년《프랑스 혁명The French Revolution》으로 필명을 얻었
    다. 여기서 그는 혁명을 지지하고 영웅적 지도자의 필요성을 강조
    해 영웅사관의 시조로 불리게 된다. 그 밖에도《영웅과 영웅 숭배
    On Heroes, Hero-Worship, and the Heroic in History》,《프리드리히 대
    왕전The History of Friedrich II of Prussia, Called Frederick the Great》

등을 남겼다.

25 랑케Leopold von Ranke(1795~1886)의 역사 서술은 원 사료에 충실하면서 역사적 사실의 개성을 있었던 그대로 서술하는 특징이 있다. 흔히 근대 역사학의 아버지로 불린다.

26 매콜리Thomas B. Macaulay(1800~1859)는 영국의 유명한 역사가이자 정치가이다. 17세기 말의 명예혁명을 중심으로 한《영국사 History of England》(5권)를 편찬했고, 고대 로마의 민요 복원을 시도한《고대 로마 가요Lays of Ancient Rome》등이 유명하다.

27 조셉 블라이허, 《현대 해석학》, 권순홍 옮김(한마당, 1983), 27쪽.

28 조셉 블라이허, 《현대 해석학》, 27~28쪽.

29 강돈구, 《슐라이어마허의 해석학》(이학사, 2000), 43쪽.

30 강돈구, 《슐라이어마허의 해석학》, 48~49쪽.

31 아스트Friedrich Ast와 볼프Friedrich A. Wolf의 문헌 해석학과 그들이 슐라이어마허에 미친 영향에 대해서는 리처드 팔머, 《해석학이란 무엇인가》(문예출판사, 1988), 118~128쪽을 참조하라.

32 에티엔느 질송, 《중세철학사》, 김기찬 옮김(현대지성사, 1990), 61~73쪽.

33 Gianni Vattimo, *Beyond Interpretation: The Meaning of Hermeneutics for Pholosophy*, trans. David Webb(Stanford, Calif.: Stanford Univ. Press, 1997), 97쪽.

34 프리드리히 슐라이어마허, 《해석학》, H. 키멀레 엮음, 구희완 옮김(양서원, 1992), 81쪽.

35 프리드리히 슐라이어마허, 《해석학》, 137쪽.

36 프리드리히 슐라이어마허, 《해석학》, 157쪽.

37 리처드 팔머, 《해석학이란 무엇인가》, 143쪽.

38 프리드리히 슐라이어마허, 《해석학》, 167쪽.

39 프리드리히 슐라이어마허, 《해석학》, 147쪽.

40 고대 그리스의 대표적인 소피스트 가운데 한 명인 고르기아스는 다음과 같은 주장을 펼쳤다. "첫째, 아무것도 존재하지 않는다. 둘째, 어떤 것이 존재한다 해도 그것을 알 수 없다. 셋째, 어떤 것을 안다 하더라도 그것을 다른 사람에게 전달할 수 없다." 이것이 그의 불가지론 혹은 회의주의이다.

41 드로이젠Johann Gustav Droysen(1808~1884)은 독일의 역사가이자 정치가로 그리스 헬레니즘 역사를 연구했다. 특히 딜타이가 역사학의 방법으로서의 해석학에 눈뜰 수 있었던 것은 드로이젠의 영향이 컸다.

42 W. Dilthey, *Gesammelte Schriften*, 제1권, 4쪽.

43 W. Dilthey, *Gesammelte Schriften*, 제5권, 4쪽.

44 이 책 95~96쪽을 보라.

더 읽어야 할 자료들

강돈구, 《슐라이어마허의 해석학》(이학사, 2000)

어떤 외국 서적을 번역한다 해도 슐라이어마허의 해석학에 관해 이 책처럼 일목요연하게, 그러면서도 높은 학문적 성과를 담아 펴내기는 어려울 것이다.

슐라이어마허의 해석학을 재발견한 인물은 딜타이이다. 그러므로 그동안 슐라이어마허의 해석학은 딜타이의 해석에 따라 심리학적 측면에만 강조점이 주어졌다. 그러나 초기 해석학 원고들의 발굴에 따라 저자는 심리학적 해석 못지않게 문법적 해석 또는 언어적 해석이 그에게 차지하는 비중이 컸음을 보여준다.

이 책을 통해 우리는 먼저 특수해석학에서 보편해석학으로 이행해가는 과정을 상세히 파악할 수 있다. 이어 저자는 슐라이어마허가 보여주려 했던 보편적 해석학의 기본 구도를 제시한다. 여기서 그는 문법적 해석과 심리학적 해석이 서로 얽혀 있음을 강조한다.

다음으로 저자는 문법적 해석과 심리학적 해석을 각각 상세하게 해설한다. 저자는 슐라이어마허가 언어를 무시하려는 심리학적 해석학자는 몽롱한 자로, 정신 속의 내적 과정을 도외시하려는 언어 해석학자는 현학자로 불렀다고 지적하면서 그에게는 양자가 모두 중요한 것임을 다시 한번 강조한다.

리처드 팔머, 《해석학이란 무엇인가》, 이한우 옮김(문예출판사, 1988)

해석학에 관해 가장 폭넓게 읽히는 해설서다. 전반부는 해석학의 탄생 과정을 역사적으로 보여준다. 성서 주석에서 문헌학의 방법론을 거쳐 언어 이해, 정신과학의 방법론적 기초, 실존론적 이해의 현상학으로서의 해석학, 해석의 체계로서의 해석학 등으로 나누어 다의적으로 사용되어온 해석학 개념의 스펙트럼을 한눈에 파악할 수 있도록 해준다.

이어 후반부에서는 슐라이어마허, 딜타이, 하이데거, 가다머 네 학자의 해석학을 체계적으로 상세히 소개한다. 가능한 한 자기 주장을 억제하고 원저자들의 의도를 최대한 살려가며 재구성했기 때문에 해석학의 기본 골격을 잘 알 수 있다.

끝 부분에는 문학 비평가답게 주로 가다머의 《진리와 방법》을 중심으로 문학 비평에서 해석학의 응용 범위와 가능성을 점검한다. 예를 들어 예술작품의 자율성 문제나 문학 해석에서의 역사 의식의 필요성을 다룬 부분이 그렇다.

에르빈 후프나겔, 《해석학의 이해》, 강학순 옮김(서광사, 1995)

해석학에 대한 약간의 지식을 갖고 있다면 더욱 본격적인 이해를 위해 읽어야 할 책이다. 물론 이 책도 일종의 개론서이기는 하지만 어느 정도 연구서의 성격을 띠고 있기 때문에 초보자에게는 부담이 크다.

저자가 하이데거, 가다머, 하버마스, 베티와 더불어 알베르트Hans Albert를 현대 해석학의 주요 인물로 포함시키고 있다는 점에서 특징적이다. 오히려 알베르트 대신 프랑스의 해석학자 폴 리쾨르Paul Ricoeur를 다뤘어야 하는 게 아닌가 하는 생각이 든다.

다만 눈길을 끄는 것은 가다머와 하버마스의 논쟁을 염두에 둔 듯 현대 해석학을 독단론적 해석학과 비판적 해석학으로 나누는 구분법이다. 아마도 전자는 전통을 중시하는 하이데거나 가다머를 염두에 둔 듯하고 후자는 해방적 관심을 가진 하버마스를 고려하고 있는 것 같다. 흥미로운 것은 딜타이를 하버마스의 사상적 선조로 본다는 점이다.

그러나 하버마스보다는 하이데거나 가다머가 딜타이의 영향을 받은 정도나 범위가 훨씬 크다. 다만 인식론적 정향(定向)을 존재론적 정향으로 전환시킨 것만이 다를 뿐이다.

조셉 블라이허, 《현대 해석학》, 권순홍 옮김(한마당, 1983)

다소 어렵다는 점만 뺀다면 해석학에 관한 가장 뛰어난 연구서 겸 해설서라고 할 수 있다. 단 입문서라고 할 수는 없다.

저자는 먼저 고전해석학의 성립 과정을 상세하게 소개한 다음, 방법론으로서의 해석학을 개척한 에밀리오 베티의 해석학을 정리한다. 베티는 어떤 의미에서 보자면 딜타이의 해석학을 가장 원형에 가깝게 계승하고 발전시킨 인물이다.

이어 '해석학적 철학'이라는 항목에서는 하이데거, 불트만Rudolf Bultman, 가다머를 소개한다. 이것은 베티의 방법론으로서의 해석학에 맞세워 철학 자체로서의 해석학을 보여주기 위함이다.

더불어 그는 비판적 해석학에서 아펠Kart-Otto Apel과 하버마스의 철학 중에서 해석학적 측면들을 추려내 정리한다. 두 사람 모두 자신들의 사상 체계에서 해석학을 일부 채용하기는 했으나 '해석학자'라고 부르기에는 무리가 따른다. 오히려 로렌처Alfred Lorenzer나 잔트퀼러Hans J. Sandkühler 같은 '유물론적 해석학'을 상세하게 소개했더라면 하는 아쉬움이 있으나 마르크스주의와 해석학의 관계를 다룬 보기 드문 저작이다.

그리고 폴 리쾨르는 딱히 어떤 부류에 넣기 어려웠던지 별도로 다루고 있다. 그런데 어느 누구보다 많은 분량을 할애해 리쾨르를 소개하는 것을 보면 그에 대해 각별한 애정을 갖고 있는 듯하다. 단순한 철학으로서가 아니라 철학과 인문·사회과학의 관계 속에서 해석학에 관해 다소 깊은 시각을 갖고 싶다면 반드시 읽어야 할 책이다.

조셉 블레이처, 《해석학적 상상력》, 이한우 옮김(문예출판사, 1987)

이 책은 전형적인 연구서다. 따라서 해석학과 사회과학 방법론의 역사에 대한 상당한 조예가 있어야 이해할 수 있다.

저자는 해석학적·변증법적 사회학을 '정초'하려고 한다. 그런 의도에서 그는 딜타이에서 출발해 이해, 객관적 해석, 이해사회학, 민속방법론 등 기존의 사회학 중에서 해석학과 비교적 가까운 분야들을 비판적으로 검토한다. 동시에 이런 분야들이 공통적으로 갖고 있는 문제점, 즉 주관주의의 위험성을 경계하면서 자신의 목표를 향해 나아간다.

방법론적 한계에 봉착한 사회과학도나 철학의 응용을 꿈꾸는 철학도에게는 많은 시사점을 준다.

조지아 윈키, 《가다머—해석학, 전통 그리고 이성》, 이한우 옮김(민음사, 2001)

간단히 말하면 가다머의 《진리와 방법》을 압축하여 정리한 책이다. 먼저 그는 문학 비평계의 해석학자 허쉬Hirsch의 의도 중심주의를 비판하면서 그와는 전혀 다른 성격의 가다머 해석학을 자리매김한다. 그것은 선입견과 전통의 복권이라는 가다머의 핵심 전략을 전면에 내세우는 것이다. 또한 이해의 대화 구조에 주목하면서 가다머 해석학의 특징을 요약한다.

이어 해석학과 이데올로기 비판의 대립 관계를 통해 가다머와 하버마스의 논쟁을 상세하게 다룬다. 이를 통해 가다머에게 가해지는 '보수주의'라는 혐의를 고찰한다.

그리고 미국 학자답게 리처드 로티Richard Rorty의 '신프래그머티즘'에 담긴 해석학적 측면을 소개한다. 그것은 일체의 정초주의에 대한 로티의 극단적 비판에 관한 것이다. 그렇게 따지면 로티와 정반대에 있는 인물은 딜타이다. 그야말로 평생을 정신과학을 '정초'하는 데 보냈기 때문이다.

입문서보다는 연구서이기 때문에 균형 잡힌 개론서로 추천하기는 어려우나 가다머의《진리와 방법》이 아직 부분적으로만 번역되어 있는 상황에서 그의 사상을 깊이 알고 싶은 사람에게는 나름대로 개론서 역할을 할 수 있을 것이다.

헤르베르트 슈내델바하,《헤겔 이후의 역사철학》, 이한우 옮김(문예출판사, 1986)

역사주의 또는 역사학파에 대한 소개서가 별로 없는 현실에서 이 책은 레오폴트 랑케로부터 야코프 부르크하르트, 프리드리히 니체, 요한 구스타프 드로이젠, 빌헬름 빈델반트, 하인리히 리케르트 등 역사주의와 함께 19세기 말 딜타이와 더불어 새로운 역사학과 역사 이론 정립에 크게 기여한 사상가들을 체계적으로 소개하고 있어 의미가 크다. 물론 이 책에는 딜타이도 포함되어 있다.

랑케나 부르크하르트, 드로이젠 등은 딜타이의 선배 학자들인 셈이며 역사주의의 범주에 들어가는 역사학자들이다. 따라서 딜타이가 자랑스럽게 여겼던 18세기 독일 정신사 연구를 주도했던 인물이기 때문에 그들에 관한 지식을 알면 딜타이가 속해 있었던 문맥을 훨씬 정확하게 파악할 수 있다.

반면 니체나 빈델반트, 리케르트 등은 거의 동시대를 살면서 딜타이와 자웅을 겨루었던 인물들이다. 따라서 그들은 왜 각자 서로 다른 길을 가게 되었는지, 그리고 딜타이가 정신과학의 인식론적 기초를 놓겠다고 혼신의 노력을 하고 있는 동안 당대의 다른 최고 학자들은 무엇을 하고 있었는지를 살필 수 있어 큰 도움이 된다.

이한우 oxen7351@naver.com

1961년 부산에서 태어난 그는 1981년 고려대학교 영문학과에 입학했다. 그러나 애당초 문학에 별 관심이 없었고 사회 현실에 대한 호기심이 더 컸기 때문에 대학 2학년 때부터 사회주의와 사회학 공부에 몰두했다. 특히 프랑크푸르트 학파의 하버마스에게 애정을 가져, 대학원에 진학할 때 철학과로 옮겼다.

대학원에 가서야 '철학적 사유'의 중요성을 깨닫고 좀 더 철학적인 테마에 주목하게 되는데 그것이 해석학이었다. 변증법은 이미 경직화되어 사유 방법으로서의 활력을 상실하고 있다고 생각했고 현상학은 그 깊이를 떠나 우리 현실과는 상당히 동떨어져 있다고 생각했기 때문이다.

게다가 프랑크푸르트 학파 2세대에 속하는 하버마스가 1세대인 호르크하이머나 아도르노와는 전혀 다른 사상적 특색을 보일 수 있었던 것이 해석학 때문이라는 것을 알게 됐다. 예를 들어 그의 대표적인 철학서《인식과 관심 Erkenntnis und Interesse》에서 '관심'은 이미 하이데거가 사용하던 '선이해'라는 용어를 사회철학적으로 재해석한 데 불과하다는 것을 알고 나서는 하이데거에 먼저 천착해야 할 필요를 느꼈다.

흔히 '실존철학자'로 분류되던 하이데거의《존재와 시간》에 도전했으나 처음에는 전혀 독해가 되지 않았다. 그렇게 해서 1986년부터 본격적으로 해석학 공부를 시작했는데 이때 딜타이라는 해석학의 창시자를 처음 만나게 됐다. 이어 가다머의《진리와 방법》을 읽으면서 해석학, 특히 딜타이 해석학의 진면목을 제대로 알게 됐고, 이후 그의 해석학은 늘 마음속의 숙제처럼 남아 있었다. 단순히 생철학이나 정신과학의 창시자 정도가 아니라 인류가 공유해야 할 새로운 사고방식으로서의 해석학을 정립한 그를 한국에도 제대로 소개해야겠다는 부담 때문이었다.

그동안 《우리의 학맥과 학풍》, 《한국은 난민촌인가》 등을 썼고, 《역사의 의미》, 《해석학이란 무엇인가》, 《해석학적 상상력》, 《미디어의 이해》 등을 옮겼으며, 현재 조선일보 논설위원으로 재직하고 있다.

체험·표현·이해

초판 1쇄 발행 2002년 12월 20일
개정 1판 3쇄 발행 2022년 12월 6일

지은이 빌헬름 딜타이
옮긴이 이한우

펴낸이 김현태
펴낸곳 책세상
등록 1975년 5월 21일 제2017-000226호
주소 서울시 마포구 잔다리로 62-1, 3층(04031)
전화 02-704-1251
팩스 02-719-1258
이메일 editor@chaeksesang.com
광고·제휴 문의 creator@chaeksesang.com
홈페이지 chaeksesang.com
페이스북 /chaeksesang   트위터 @chaeksesang
인스타그램 @chaeksesang   네이버포스트 bkworldpub

ISBN 979-11-5931-531-2 04080
      979-11-5931-221-2 (세트)